KLARTEXT

Bildnachweis:

Imago Images: LFI: S. 4/5, Joe Giron: S. 27, 32/33, 113, Pop-Eye: S. 47, ZUMAWire: S. 89; picture alliance: Photoshot: S. 7, Associated Press: S. 11, Geisler-Fotopress/Rudi Keuntje: S. 15, Capital Pictures/Steve Rose/MPI: S. 19, pa: S. 23, REUTERS/Anthony Bolante: S. 30; UPI Photo: S. 37, Newscom/Joe Bangay/People in pictures: S. 43; Photoshot: S. 53, dpa/Alexey Phillippov: S. 57, ZUMAPress.com/Kathy Hutchins: S. 62/63, dpa/dpaweb/PA: S. 71, Photoshot: S. 77, AP Photo/Tom Reese: S. 82, Photoshot: S. 85, Yui Mol/Press Association: S. 87, NDZ/STARMAX/IPx/NDZ: S. 93, agefotostock: S: 94, ESTANDAO CONTELIDO/FABIO MOTTA: S. 97, Everett Cllection/Kristin Callahan: S. 100, Kevin Estrada/Media Punch: S. 106 o., Everett Collection: S. 106 u., DALLE APRF: S. 107, Photoshot: S. 108, ZUMAPress.com/German EC Universal: S. 109, Chris Pizzello/Invision/AP: S. 111, Pacific Press: S. 113, Photoshot: S. 118; Wikipedia: Von Sub Pop Records – The Sub Pop Story, Gemeinfrei, https://commons.wikimedia.org/w/index.php?curid=40437762: S. 25

Eine Playlist
zum Buch
gibt es hier:

Bibliografische Information der Deutschen Nationalbibliothek
Die Deutsche Nationalbibliothek verzeichnet diese Publikation in der Deutschen Nationalbibliografie; detaillierte bibliografische Daten sind im Internet über portal.dnb.de abrufbar.

Impressum
1. Auflage Februar 2024
Layout und Satz: Guido Klütsch
Adobe Stock/RG (Skyline Seattle), Adobe Stock/Tatiana (Baby), Imago/Joe Giron (Band), Christine Rost (Actionfigur)
Autorenfoto Umschlagklappe: Romanus Fuhrmann
Druck und Bindung: Linsen Druckcenter GmbH, Siemensstraße 12–14, 47533 Kleve

© Klartext Verlag, Essen 2024
ISBN 978-3-8375-2590-8

KLARTEXT

Jakob Funke Medien Beteiligungs GmbH & Co. KG
Jakob-Funke-Platz 1, 45127 Essen
info.klartext@funkemedien.de
www.klartext-verlag.de

Hollow Skai

Nirvana

**Populäre Irrtümer
und andere Wahrheiten**

Inhalt

6 Zum Geleit	34 Riecht wie Teen Spirit
8 The Road to Nirvana I	38 Never mind the Baby
12 Come As You Are	42 Get in the Ring: Runde 1
14 The Road to Nirvana II	44 Macht mal ...
16 Zahlen & Fakten	46 Get in the Ring: Runde 2
18 About A Girl	49 Nirvana. Eine Zeitreise
21 Verdammte Scheiße!	54 Punk ist Freiheit
24 Der Sub Pop Singles Club	55 Wer's glaubt ...
26 This is Seattle not Arpke	56 Miss World
29 Der Grunge-Look	60 A Love Story
30 Harte Arbeit, wahrer Lohn	66 Einmal Junkie, immer Junkie

70	Achterbahn der Emotionen	96	Ein verschwendetes Talent
74	Sex, Lügen und Übertreibungen	99	The Space Witch
76	Chronik eines angekündigten Todes	102	Who's who (in der Welt des Grunge)?
79	Der erste MTV-Tote	110	Bassist auf Abwegen
80	Boxenstopp für das Leben danach	112	Der Storyteller
84	Neil Youngs Marketingplan	114	Das Quiz für echte Nirvana-Experten
86	Who killed Kurt Cobain?	119	Zitate
88	Das Grunge-Lexikon		
90	Der Tag der toten Ente		
92	Gitarren von der Stange		

Zum Geleit

Kaum jemand brachte es so gut auf den Punkt wie Butch Vig, der Produzent von Nirvanas Erfolgsalbum *Nevermind*. Ihm zufolge war Kurt Cobains Stimme so zerbrechlich und verletzlich, dass 50 andere Sänger seine Songs hätten singen können, ohne an seine emotionale Kraft heranzureichen. Sie besaß eine einzigartige Färbung und transportierte Wut, Angst, Zorn und Verwirrung – und „manchmal alles zusammen in einer einzigen Songzeile".

Wie die meisten waren Nirvana auch zu mir erst mit ihrem Monster-Hit „Smells Like Teen Spirit" durchgedrungen, den ich im Urlaub auf Grenada bis zum Abwinken gehört hatte. Wieder zurück im kalten Deutschland, hatten sie Michael Jackson, den King of Rock, Pop and Soul, in den USA vom Thron gestoßen und waren vorübergehend die größte Rockband der Welt.

Das ganze Drama Kurt Cobains enthüllte sich jedoch nur stückchenweise. Seine Beziehung mit dem Riot Grrrl Courtney Love war zweifellos die größte Love Story der 1990er Jahre und sein Drogenkonsum war legendär. Für aufmerksame Beobachter war es nur eine Frage der Zeit, bis er den Löffel abgab, in dem er das Heroin erhitzte. Doch seine Songs blieben uns erhalten und zeugen noch heute von einer Kraft und Energie, wie sie kaum ein anderer besaß.

Anlass genug, sich noch einmal mit seinem Trauma und seiner Trauer, seinem Leben und seinem musikalischen Vermächtnis zu beschäftigen, dem offiziellen Bild von ihm andere Wahrheiten entgegenzusetzen und sich vor einem der größten Songwriter aller Zeiten zu verneigen. Aber auch vor seiner Frau, die mit ihm durch die Hölle gegangen ist und der man zu Unrecht die Schuld an seinem Tod in die High Heels schob.

The Road to Nirvana I

Schon als Kind wurde Kurt Cobain vergöttert, weil er extrem sensibel, intelligent und aufmerksam war.

Im Alter von zwei Jahren fing Kurt Donald Cobain an zu singen. Oft Lieder von den Beatles, aber auch Arlo Guthries „Motorcycle Song" und alles, was man sich von ihm wünschte.

Seine zahlreichen Verwandten – er hatte allein mütterlicherseits sieben Tanten und einen Onkel – förderten sein künstlerisches Talent, indem sie ihm ständig Buntstifte in die Hand drückten und ein Micky-Maus-Schlagzeug besorgten.

Seine Tante Mari machte selbst Country-Musik, und sie war es auch, die ihm erst eine Basstrommel schenkte, mit der er laut trommelnd durch die Nachbarschaft zog, und schließlich eine Hawaii-Gitarre. Damit war sein weiterer Weg vorbestimmt.

Der kleine Kurt zeichnete Trickfilmfiguren wie den Kiemenmenschen aus Jack Arnolds Horror-Filmklassiker *Der Schrecken vom Amazonas*, und in der zweiten Klasse zierte eine Zeichnung von ihm sogar den Titel der Schulzeitung. Dass er Künstler werden sollte, stand für seine Familie „schon ganz früh" fest. Nicht zuletzt seine Mutter ermunterte ihn, sich künstlerisch auszudrücken.

Mit drei begann er, eine Abneigung gegen Polizisten zu entwickeln und sang jedes Mal ein selbst ausgedachtes Spottlied, wenn er einen sah: „Nehmt euch die Cops vor! Die Cops kommen! Sie werden euch umbringen!" Mit sieben entwickelte er „einen Hass gegen alle Menschen", und als sich seine Eltern ein Jahr später scheiden ließen, wurde Kurt zunehmend mürrisch, finster und depressiv. Eine Zeit lang weinte er sich jede Nacht in den Schlaf oder versuchte, die Luft anzuhalten, damit sein Kopf explodierte – in der Hoffnung, seine Eltern würden dann wieder zueinander finden.

Kurt Cobain entschied sich, fortan bei seinem Vater zu leben, auf dessen Drängen er sich dem Ringerteam seiner Schule anschloss – um sich dann aber zu weigern, an einem Turnier teilzunehmen. Statt zu kämpfen, saß er mit verschränkten Armen auf der Matte und blickte trotzig vor sich hin.

Auch Baseball hat Kurt gespielt, im Little-League-Team von Aberdeen, das nach dem legendären Babe Ruth benannt worden war. Hyperaktiv wie er war, warf er mit sechs jedoch keine Bälle, sondern Getränkedosen voller Kiesel auf vorbeifahrende Polizeiautos – zumindest behauptete er das später. Als man ihm daraufhin Ritalin verschrieb, schlug das Medikament allerdings nicht an, während Beruhigungsmittel ihn lediglich müde machten. Erst als seine Ernährung umgestellt wurde, legte sich seine Hyperaktivität etwas.

Sein Vater versuchte ihn zu disziplinieren, indem er sich immer wieder neue psychologische Strafen ausdachte – erfolglos. So wurde Kurt schließlich in der Familie herumgereicht und wuchs bei Tanten, Onkeln und seinen Großeltern auf, später lebte er auch bei Freunden und Klassenkameraden.

Bevor er neun wurde, hatte er Astronaut, Rockstar oder Präsident werden wollen. Oder Stuntman wie sein Held Evel Knievel. Er legte Kissen auf den Boden und sprang vom Dach. Cobain: „Ich war wie ein kleiner Iggy Pop."

Punkrock hatte er zwar noch nie gehört, nachdem er Fotos von Punkbands gesehen hatte, wollte er jedoch auch in einer spielen. Das erste Rockkonzert, das er sah, war aber eins von Sammy Hagar. Auf dem Weg nach Seattle trank er reichlich Bier und nässte sich ein, als er und seine Freunde im Stau standen. Beim Konzert rauchte er dann seinen ersten Joint und war ziemlich high.

Zu der Zeit wurde bei Kurt auch eine leichte Skoliose festgestellt, eine Verformung der Wirbelsäule, außerdem litt er an chronischer Bronchitis und hatte erstmals Magenschmerzen, die er später mit Heroin zu betäuben versuchte.

An der Highschool von Montesano wurde er gehänselt, weil er oft mit seinem schwulen Freund Buzz abhing, dem Sänger der Melvins. Um seine Mitschüler zu verarschen, gab er daraufhin vor, auch schwul zu sein – und wechselte die Schule.

In den Weihnachtsferien 1982 nahm er mithilfe seiner Tante Mari ein erstes Demotape mit dem Titel *Organized Confusion* auf. Statt auf einem Schlagzeug trommelte er auf einem Koffer herum. Als seine Tante ihm anbot, ihren Drumcomputer zu benutzen, lehnte er das jedoch ab – seine Musik sollte „ganz rein" bleiben. Seine Stimme klang, „als würde er unter einer dicken, flauschigen Decke irgendwas murmeln, was dann gelegentlich durch wilde Schreie unterbrochen wurde".

Zwei Jahre später fuhr er voll auf die Hardcore-Punkband Black Flag ab. Um die Band live sehen zu können, verkaufte er seine Plattensammlung. Zum Konzert in Seattle fuhr er gemeinsam mit seinem Freund Buzz, der damals der Punkrock-Guru von Aberdeen war und ihm das Black-Flag-Album *Damaged II* überspielt hatte, sowie dem Melvins-Bassisten Matt Lukin, der später bei Mudhoney einsteigen sollte.

Mittlerweile wieder bei seiner Mutter wohnend, setzte die ihn mit 17 vor die Tür, als sie ihn beim Sex mit einer betrunkenen Frau erwischte. Sein Vater schickte ihn zu einer Aufnahmeprüfung der Navy und nötigte ihn, seine Gitarre zu verpfänden. Kurt ließ sich jedoch nicht rekrutieren und brach die Schule ab. Eigentlich sollte er auf die Kunsthochschule gehen, schließlich hatte er angeblich mehrere Stipendien gewonnen, aber er wollte lieber Musik machen.

Um zu erfahren, wie es ist, wenn man auf der Straße lebt, haute er von zuhause ab und schlief ein paar Nächte unter einer Brücke am Wishkah River; diese Erfahrung verarbeitete er später zum Song „Something In The Way".

Im Winter 1985/86 nahm er aber auch gemeinsam mit dem Bassisten Dale Crover, der später bei den Melvins spielte und vorübergehend auch Schlagzeug bei Nirvana, ein weiteres Demo auf – *Fecal Matter*. Sie droschen im Haus von Tante Mari ungestüm auf ihre Instrumente ein, und ihr Sound klang bereits wie der von Nirvana.

Als Chris Novoselic das Tape zu hören bekam, machte ein Song, nämlich „Spank Thru", ihn so sehr an, dass er Kurt vor-

schlug, eine Band zu gründen. Bei ihrer Creedence-Clearwater-Revival-Coverband The Sellouts sang aber noch Chris, der sich erst später auf seinen kroatischen Namen Krist besann, während Kurt Schlagzeug spielte. Ebenso bei einem weiteren Bandprojekt, den Stiff Woodies.

Die Hardcore-Szene erschien ihnen zu der Zeit bereits sehr ausgebrannt. Cobain: „Sie war langweilig, und so begannen wir zu akzeptieren, dass wir die Musik mochten, mit der wir aufgewachsen waren: Alice Cooper, MC5, Kiss. 1985 war es beinahe ein Tabu, so etwas zuzugeben, aber wir ließen uns die Haare lang wachsen und sagten: Scheiß drauf, was die anderen denken."

Ihre nächste Band nannten sie Skid Row – nicht zu verwechseln mit der gleichnamigen Hairspray-Band um Sebastian Bach.

Skid Row spielten „ganz schön hartes Zeug", erinnerte sich Slim Moon, der Gründer des Riot-Grrrl-Labels Kill Rock Stars. „Kurt war total auf dem Glam-Trip – er trug sogar Plateauschuhe. Man darf nicht vergessen, das war 1987, als Guns N' Roses und die Pudelrocker Poison so angesagt waren." Außerdem hätten sie damals ihren Namen „praktisch für jeden Gig" geändert – Nirvana hießen sie offiziell erst 1988.

Come As You Are

Für Kurt Cobain war Aberdeen eine Stadt wie *Twin Peaks* – „nur ohne den Nervenkitzel". Für Jugendliche gab es in der Stadt der Sägewerke und Papierfabriken wenig Angebote, außer betrunken durch die Straßen zu ziehen, psychedelische Pilze in den umliegenden Wäldern zu sammeln oder auf stillgelegten Schrottplätzen ein Feuerchen zu machen.

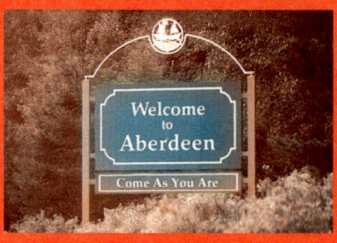

Die Arbeitslosigkeit und die Selbstmordrate waren entsprechend hoch, und Alkoholismus war allgegenwärtig. Vorbei die Zeiten, da die Stadt davon profitierte, dass sie über einen Sackbahnhof und einen Hafen verfügte und Holzarbeiter und Seeleute ihren Lohn in den Bars und Bordellen von Aberdeen ausgaben. Seit den 1960er Jahren ging es stetig bergab mit der Stadt, in der Kurt Cobain am 20. Februar 1967 zur Welt kam. Die Holzindustrie wurde dezentralisiert, die Seeleute blieben aus und die Bahnlinien wurden systematisch heruntergewirtschaftet.

Lebten in der Blütezeit zu Beginn des 20. Jahrhunderts mehr als 50.000 Menschen in Aberdeen, waren es, als Kurt Cobain dort zur Schule ging und die Stadt mit unleserlichen Graffiti verzierte, weniger als ein Drittel.

Für Cobains Freundin Tobi Vail, ein aus Olympia stammendes Riot Grrrl, hatte Aberdeen Anfang der 1990er „etwas Apokalyptisches" an sich, „wie man es in alten Industriestädten oft spürt, wenn die Wirtschaft vor die Hunde gegangen ist und es kein Geld und keine Arbeit mehr gibt". Candice Pedersen, die ehemalige Co-Chefin von K Records, empfand die Stadt als „grässlichen, ekligen Ort", der „nach Vanille" roch. Und selbst Obdachlose mieden Aberdeen, weil es dort nichts zu holen gab.

Wer es dort aushielt, musste schon der rauen Wildheit von Aberdeen und dem Mangel an Struktur verfallen sein. Der Freiheit, im Mondlicht von der eigenen Veranda zu pinkeln. Dem Spaß, eine Schrottkarre in eine Schlucht zu kippen und dann einen Sommer lang darauf zu schießen. Dem majestätischen Anblick der Adler, die in den Kiefern nisteten. Oder dem Geruch der salzigen Meeresluft im Morgengrauen. In der festen Überzeugung, dass er den Charme dieser zerklüfteten Landschaft verdiente, weil er dort nun mal arbeitete und hingehörte.

Kurt Cobains Familie war als Teufelsanbeter verschrien, weil mal entweihter Grabschmuck in ihrem Vorgarten gelegen hatte. „Aber man musste in Aberdeen gar nichts wirklich Wildes machen", vertraute sich Kurt Cobain 1990 einem Reporter des *Melody Maker* an, „um als extrem zu gelten. Nur jede Menge Acid nehmen."

Zeitweise hatte er zwei Jobs: als Hausmeister an der Aberdeen High School und als Schwimmlehrer der Ortsgruppe des christlichen Vereins junger Männer (YMCA). Außer Sendungen wie *Saturday Night Live*, TV-Serien wie *The Monkees* und Science-Fiction-Filmen im Spätprogramm gab es aber nach Feierabend so gut wie keine Freizeitangebote, sodass Cobain gemeinsam mit seinem Schulfreund Krist Novoselic Mitte der 1980er Jahre erstmals eine Band gründete.

Es dauerte jedoch nicht allzu lange, dass Nirvana, wie sie sich letztlich nannten, ihrer Heimatstadt den Rücken kehrten. Erst 2005 gedachte man in Aberdeen wieder seiner verlorenen Söhne mit dem Aufstellen neuer Ortsschilder, auf denen Besucher mit einem Songtitel von Nirvana begrüßt werden: Come As You Are.

The Road to Nirvana II

Als erstes Kind kroatischer Einwanderer am 16. Mai 1965 in Kalifornien geboren, verbrachte Krist Novoselic seine Pubertät in Aberdeen, weil die Grundstückspreise in Gardena stark gestiegen waren und sein Vater 1979 einen neuen Job als Maschinist in einer Sägemühle angenommen hatte.

Aberdeen hatte damals eine recht große kroatische Enklave, machte auf Krist aber den Eindruck einer osteuropäischen Stadt: Die Einwohner kleideten sich dort sehr altmodisch, trugen Röhrenjeans statt angesagter Levi's wie Krist und sein Bruder Robert und hörten vorzugsweise Top-40-Hits, während Krist mehr auf Black Sabbath, Led Zeppelin und Devo stand.

Um sich anzupassen, schrieb er seinen Vornamen amerikanisch – Chris. Erst als Jugoslawien 1992 auseinanderbrach, bevorzugte er wieder, aus Solidarität mit der Heimat seiner Eltern, die kroatische Schreibweise.

Besorgt um seinen Geisteszustand und weil er als Kind unter Depressionen litt, schickten seine Eltern ihn 1980 zu Verwandten nach Kroatien, wo Krist fließend Kroatisch lernte und erstmals die Sex Pistols und die Ramones hörte, die ihn jedoch nicht sonderlich beeindruckten.

Als einziges Mitglied von Nirvana machte Krist Novoselic seinen Abschluss an der Aberdeen High School. Kurz darauf ließen sich seine Eltern scheiden.

Im Prinzip war Krist ein Hippie. Er stand auf Räucherstäbchen, trug handgebatikte T-Shirts und hörte vor allem psychedelischen Sixties-Rock. Eine seiner Lieblingsplatten war das Shocking Blue-Album *At Home*, das auch den Song „Love Buzz" enthielt, den Nirvana für ihre erste Single coverten. Die erste Band, die er 1982 in Seattle live gesehen hatte, waren allerdings die Scorpions. Weil er sie aber „total öde" fand, warf er sein T-Shirt auf die Bühne.

1989 heiratete er seine langjährige Freundin Shelli, mit der er zusammen in Tacoma wohnte. Sein Trauzeuge war Matt Lukin von Mudhoney, der sich so an die Hochzeit erinnerte: „Sie heirateten, und dann betranken sich alle."

Nachdem er gemeinsam mit Kurt Cobain eine Band gegründet hatte und sie unter stets wechselndem Namen aufgetreten waren, wurden sie als Skid Row im April 1987 von dem in Olympia beheimateten Sender KAOS zu einer Session eingeladen und waren erstmals im Radio zu hören.

Ein paar Monate später suchten sie per Kleinanzeige in *The Rocket*, Seattles größtem Musikmagazin, einen Ersatz für ihren Schlagzeuger Aaron Burckhardt, dem alles zu viel geworden war: „Schlagzeuger gesucht – kein Anfänger. Musikrichtung: Underground. Black Flag, Melvins, Zeppelin, Scratch Acid, Ethel Merman. Muss voll flexibel sein."

Vorübergehend half Dale Crover von den Melvins aus, doch dann meldete sich Chad Channing bei ihnen, der bis Mai 1990 bei Nirvana auf dem Schlagzeughocker saß, und ihre Karriere nahm Fahrt auf.

Zahlen & Fakten

Zu Beginn ihrer Karriere traten Nirvana **unter ständig wechselndem Namen** auf und nannten sich mal Ted Ed Fred, mal Pen Cap Chew, Throat Oyster, Windowpane oder Bliss, meistens aber Skid Row. Weitere potenzielle Bandnamen waren Poo Poo Box, Egg Flog, Whisker Biscuit, Spina Bifida, Pukin Worms, Pukearrhea oder Gut Bomb.

Kurt Cobain wurde **wegen Vandalismus in Aberdeen verhaftet**, weil er „Gott ist schwul" und „Homo-Sex ist geil" auf Autos gesprüht hatte, und zu einem Bußgeld von **180 Dollar und 30 Tagen auf Bewährung** verurteilt.

Als Nirvana bei der David Geffen Company einen Plattenvertrag unterschrieben, erhielten sie einen Vorschuss in Höhe von **280.000 Dollar**. Die Aufnahmen von *Nevermind* verschlangen **160.000 Dollar**, sodass nach Abzug von Anwaltskosten und Managementanteilen rund **30.000 Dollar** für jedes Bandmitglied übrigblieben.

Die Single „Love Buzz" von Nirvana war **die erste Platte**, die im Sub Pop Singles Club erschien. Für einen Jahresbeitrag von **35 Dollar** erhielten die Club-Mitglieder jeden Monat eine streng limitierte Single.

Eine obskure Gruppe aus den 1960ern hatte sich bereits zwei Jahrzehnte zuvor Nirvana genannt und **verklagte 1992 das Sub-Pop-Label, den Geffen-Vertrieb MCA und Kurt Cobains Nirvana** wegen der Verwendung ihres Bandnamens, unfairen Wettbewerbs und der Beeinträchtigung ihres Geschäftsbetriebs. Die Londoner Band hatte unter diesem Namen neun Alben aufgenommen. Nach einer Anhörung vor dem US-Bezirksgericht des Central District of California einigte man sich außergerichtlich.

Um weiterhin den Namen Nirvana verwenden zu dürfen, zahlten Kurt Cobain & Co. ihren britischen Kollegen **100.000 Dollar**.

Das Album *Nevermind* durfte in Seattle nicht an Jugendliche **unter 18 Jahren** verkauft werden.

Im kalifornischen Newport Beach wurden 1996 Cobain-Devotionalien versteigert, die Courtney Love angeliefert haben soll: eine Flasche Pickelcreme für **550 Dollar**, ein Posten Werbesendungen aus Cobains Briefkasten für **180 Dollar** und sein Entlassungsschein aus einer Drogenklinik für **1480 Dollar**.

Nach dem Tod von Kurt Cobain tauchten alle Nirvana-Alben wieder in den US-Charts auf. *In Utero* kletterte von Platz 72 auf **Rang 27**, *Nevermind* sprang von Platz 167 auf **Rang 56**, *Incesticide* kehrte auf **Platz 135** in die Charts zurück, und *Bleach* stieg neu in die Pop Catalog Charts auf **Platz 6** ein.

Im Jahr 1991, als Nirvana vor mehreren hunderttausend Fans gespielt und fast zwei Millionen Platten verkauft hatten, verdiente Kurt Cobain nach Abzug aller Kosten für Anwälte und Manager **29.541 Dollar**.

Kurt und Courtney mieteten 1992 ein Apartment in der **Alta Loma Terrace 6881**, das bereits in zwei Filmen zu sehen war: in Kenneth Branaghs *Schatten der Vergangenheit* und in *Der Tod kennt keine Wiederkehr*, Robert Altmans Verfilmung eines Kriminalromans von Raymond Chandler.

Nachdem Kurt Cobain am 3. März 1993 im römischen Fünf-Sterne-Hotel Excelsior mithilfe von **60 Rohypnol-Tabletten** einen Selbstmordversuch unternommen hatte, unterbrach CNN sein Programm und verkündete, er sei an einer Überdosis gestorben. Eine Anruferin hatte sich gegenüber David Geffens Büro als Courtney Love ausgegeben.

About A Girl

Die 80 Kilometer östlich von Aberdeen gelegene Hauptstadt des Bundesstaats Washington, Olympia, war Ende der 1980er Jahre so hip wie sonst nur das New Yorker East Village.

Anfang 1987 traten Kurt Cobain, Chris Novoselic und Aaron Burckhardt auf einer Privatparty in Raymond, Washington auf, den Auftritt bezeichneten sie später oft als ihr Lieblingskonzert. Sie waren ziemlich betrunken und machten sich richtig zum Affen, erinnerte sich Kurt im *Option*-Magazin: „Wir machten uns einen Spaß daraus, den Spießern richtig schlechte Vibes zu vermitteln – wir hüpften von den Tischen und taten so, als seien wir Rockstars. Und Chris sprang durch ein Fenster. Dann spielten wir etwa eine Stunde lang ‚Sex Bomb' von Flipper und unsere Freundinnen schmissen sich an uns ran, umklammerten unsere Beine und zogen eine Pseudo-Lesbenszene ab, und da rasteten die Spießer richtig aus."

Im Anschluss an diesen denkwürdigen Auftritt zog Kurt Cobain zu seiner Freundin Tracy Marander nach Olympia, die Hauptstadt des Bundesstaats Washington, „wo jede Band entweder keinen Bassisten hatte oder aber nur aus Keyboarder und Sänger bestand, wo der Sänger nur von einem Cassettenrecorder begleitet wurde oder von einem einzelnen Gitarristen". In Seattle machte man sich über die Musikszene Olympias lustig. Das sei doch keine richtige Rockmusik, was dort entstand, hieß es, oder es wurde bemängelt, dass die Protagonisten ihre Instrumente nicht beherrschten.

Olympia war nicht nur die Heimat des Senders KAOS Radio und des Labels K Records, sondern auch von Gruppen wie Beat Happening (bei denen Calvin Johnson, der Gründer von K Records, sang), von Frauen-Bands wie Bikini Kill (mit deren Schlagzeugerin Tobi Vail Kurt kurzfristig liiert war) und Sleater-Kinney, die häufig im Radio des Evergreen State Colleges gespielt wur-

Keine richtige Rockmusik? Die Frauenband Bikini Kill inspirierte Kurt Cobain zu Nirvanas größtem Hit.

den, weil sich das einer Quote verpflichtet fühlte: 80 Prozent der gespielten Songs mussten von Indie-Labels stammen. Bevor er erst das Fanzine und dann das Label Sub Pop gründete, hatte auch Bruce Pavitt eine eigene Sendung auf KAOS. Und nicht zuletzt erregten einheimische Frauen-Bands beim International Pop Underground Festival, das 1991 in Olympia stattfand, als Riot Grrrls Aufsehen.

Dass Kathleen Hannah von Bikini Kill den Spruch „Kurt smells like Teen Spirit" an dessen Schlafzimmerwand geschrieben und ihn dadurch zu einem der größten Hits der Rock-Geschichte inspiriert hat, ist hinlänglich bekannt. Olympia verlieh seiner Musik aber auch einen feministischen Aspekt, und wenn er nicht eine Zeit lang dort gewohnt hätte, wäre ein Song wie „Rape Me" vielleicht nie entstanden.

Gemeinsam mit Tobi Vail und Calvin Johnson nahm Kurt Cobain in Olympia als The Go Team eine Single für K Records auf; unter dem Namen Bathtub Israel hat er jedoch nie zusammen mit Tobi auf der Bühne gestanden, wie kolportiert wurde. Dafür hatten Nirvana, noch unter dem Namen Skid Row, 1987 im örtlichen KAOS-Studio aber ihren zweiten öffentlichen Auftritt.

So schräg und frauenbewegt sich das Programm von KAOS Radio anhörte, so sehr galt in Olympia aber auch schlichter, simpler Pop von Bands wie The Vaselines oder The Pastels als cool. Was Kurt Cobain dazu inspirierte, „About A Girl" zu schreiben, einen für Nirvana-Verhältnisse außergewöhnlich poppigen Song über seine recht einseitige Beziehung mit Tracy Marander: Während sie in der Kantine von Boeing gemeinsam mit Chris Novoselics Freundin und späterer Frau Shelli Nachtschichten schob, arbeitete Kurt daheim vor sich hin, ohne mal sauberzumachen oder aufzuräumen.

Kurt stand im Gegensatz zu Chris nie im Mittelpunkt auf den Partys, sondern meistens etwas abseits, erinnerte sich Slim Moon, der Gründer des ebenfalls in Olympia ansässigen Indie-Labels Kill Rock Stars, in Everett Trues *True Story* über Nirvana. Chris betrank sich hingegen manchmal, „zog seine Klamotten aus und sprang bei einer Party auf irgendeinen Tisch, bis der zusammenbrach und ihn die Leute auf ewig dafür hassten. Bei einer anderen Fete entlud er mittendrin einen Feuerlöscher. Er wollte immer witzig sein, aber manchmal lief das aus dem Ruder und er machte sich Feinde."

Mithilfe des Melvins-Drummers Dale Grover und unter der Regie von Jack Endino, der bereits Seattle-Bands wie Soundgarden, Mudhoney und Green River produziert hatte, nahmen Kurt und Chris ein Demo mit zehn Songs auf, das schließlich auch bei Jonathan Poneman von Sub Pop Records landete. Als der sich bei Endino spöttisch nach dem nächsten großen Ding erkundigte, erzählte Endino ihm von einem Typen aus Olympia, der wie ein Automechaniker aussähe: „Ich weiß nicht, was ich von ihrem Demo halten soll. Es ist überwältigend, die haben das einfach so rausgehauen, und so etwas habe ich überhaupt noch nie gehört. Der Typ hat eine fantastische Stimme."

Verdammte Scheiße!

Kurt Cobain war gerade nach Olympia gezogen, als dort eine neue Bewegung entstand, die kein Blatt mehr vor den Mund nahm, sondern ihre Unzufriedenheit in bester Punk-Manier herausrotzte.

Seine spätere Frau Courtney Love, die damals bei Sugar Babydoll spielte, verstand sich als „Lippenstift-Feministin" und tönte selbstbewusst: „Ich bin nicht dazu geboren, um mit Stars zu ficken, sondern um selbst einer zu werden." Und sang: „Ich wasche keine Teller ab, ich werfe sie ins Kinderbett. Ich bin das Mädchen, das den ganzen Kuchen will."

Courtney Love war zweifellos das bekannteste Gesicht dieser Bewegung, die mit ihrer Garderobe gegen das Schönheitsdiktat der Modeindustrie rebellierte, weil die, so Sabine Reichel im *ZEITmagazin*, „aus jungen Mädchen bulimische Barbiepuppen macht". Gemixt hatten diesen „Cocktail aus Madonna, Proletenkind, Pippi Langstrumpf und Babydoll" aber andere.

Tobi Vail, mit der Cobain eine Zeit lang liiert war, hatte den Begriff Riot Grrrl geprägt und damit ein wachsendes weibliches Selbstbewusstsein umschrieben. Kat Bjelland, die Gitarristin der Babes in Toyland, hatte den „Kinderhuren-Look" erfunden. Und Bands wie L7 oder Bikini Kill warfen der noch immer von weißen, testosterongesteuerten Männern dominierten Musikszene den Fehdehandschuh zu und machten „Punkrock mit Bewusstsein".

Ihre Texte thematisierten ungeschliffen den herrschenden Chauvinismus, sexuellen Missbrauch und die Gewalt gegen Frauen. Nicht mehr so zaghaft wie in der guten alten Hippie-Ära, sondern voller Wut und Verve, Humor und mit Schaum vor dem Mund. *Der Spiegel* brachte es auf den Punkt: „Sie sehen aus wie Lolitas und treten zu wie Bruce Lee."

Die undogmatischen Spontan-Feministinnen inspirierten aber nicht nur andere Frauen mit ihrem Kinderhuren-Look, son-

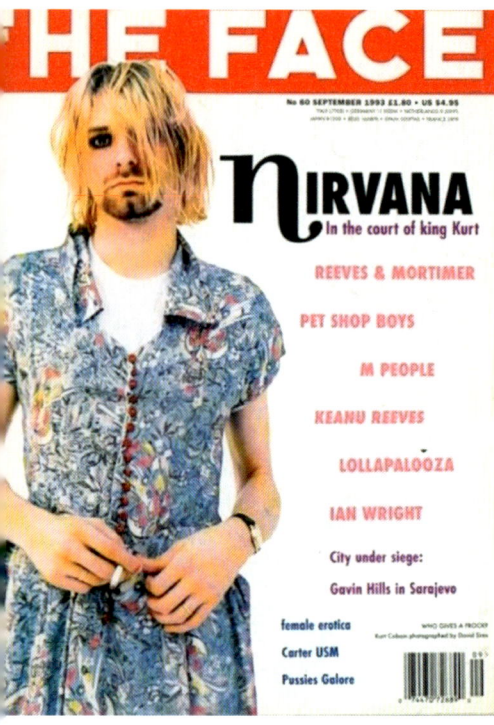

dern beeinflussten auch Kurt Cobain nachhaltig. „Die Erfahrungen, die er in dieser Szene machte", so die Autorin Ann Powers, „sorgten dafür, dass Nirvana anders tickten als Mudhoney oder Pearl Jam."

Cobain fühlte sich schon bald „der weiblichen Seite des Menschen eindeutig näher als der männlichen". Er wollte Frauen nicht im Weg stehen, wenn sie ihr Schicksal in die eigenen Hände nahmen, und setzte sich fortan immer wieder für die schwule und lesbische Community ein. Er lackierte sich die Nägel und gab Make-up-Tipps: „Wenn man es richtig dick und grell aufträgt, sieht man aus wie die Ehefrau von einem Fernsehprediger." Und er ging in Frauenkleidern spazieren oder schlüpfte 1993 bei einem Stadionkonzert in Rio de Janeiro in ein Kleines Schwarzes, das er sich von Courtney Love geliehen hatte (während Dave Grohl einen BH seiner damaligen Freundin Jennifer Finch trug).

Von den Riot Grrrls lernte er auch, sich weniger klausuliert auszudrücken: „Die meisten Leute", erklärte er Everett True, wollten Songs, „in denen ganz direkt gesagt wird, worum es geht. Man muss es ihnen direkt ins Gesicht schreien."

Ohne die Riot Grrrls hätte Kurt Cobain später jedenfalls kaum so sehr die Gleichberechtigung der Geschlechter und die Anerkennung sexueller Orientierungen propagiert und sich nicht

Riot Grrrl Kat Bjelland

so vehement gegen die Zensur von Songtexten ausgesprochen. Und ohne sie wäre er möglicherweise auch nie auf die Idee gekommen, den Anti-Vergewaltigungs-Song „Polly" zu schreiben, nachdem ein 14-jähriges Mädchen aus Tacoma entführt, missbraucht und mit einer Lötlampe gefoltert worden war.

Mehr als ein Beleg für Cobains weibliche Seite war „Polly" allerdings eine sarkastische Darstellung männlicher Begierden und der Versuch, sich mit dem Entsetzen, das die Tat auslöste, und der Motivation des Täters auseinanderzusetzen.

Jahre später, als 20.000 Zuschauer den Text mitsangen und „Polly" so die intendierte Bedeutung nahmen, bedauerte Cobain es jedoch, „einen so eingängigen, poppigen Song über ein derart aufwühlendes Thema geschrieben zu haben". Und als bekannt wurde, dass ein Vergewaltiger seinem Opfer „Polly" vorgesungen hatte, schrieb Cobain „Rape Me", einen Song, der von „haarigen, verschwitzten Macho-Rednecks" handelt, „die Frauen vergewaltigen". Verzweifelt appellierte er an sie: „Solltet ihr einen wie auch immer gearteten Groll gegen Homosexuelle, Menschen anderer Hautfarben oder Frauen hegen, dann tut uns einen Gefallen – lasst uns in Ruhe, verdammte Scheiße! Kommt nicht zu unseren Konzerten und kauft nicht unsere Platten."

Der Sub Pop Singles Club

Als „ultra loose grunge" hatte das 1986 gegründete Indie-Label Sub Pop Records die erste Platte von Green River beworben – und damit ein neues musikalisches Genre begründet.

Kurt Cobain hatte das Label immer wieder angeschrieben, weil es für Soundgarden ein Sprungbrett zu einer großen Plattenfirma gewesen war und er sich von einer Veröffentlichung auf Sub Pop eine ähnliche Karriere erhoffte. Jonathan Poneman meldete sich jedoch erst bei ihnen, nachdem Jack Endino Nirvana als das nächste große Ding angepriesen hatte.

„Love Buzz", die erste Nirvana-Single, erschien im November 1988 im Sub Pop Singles Club, dessen Mitglieder für einen Jahresbeitrag von 35 Dollar alle Singles erhielten, die von Sub Pop veröffentlicht wurden. Obwohl viele diese Cover-Version eines Songs der niederländischen Band Shocking Blue „richtig super" fanden, ahnten Pavitt und Poneman nicht, „wie groß die Band tatsächlich einmal werden würde". Und obwohl Nirvana Ende Dezember bei der Release Party der Box *Sub Pop 200* den knackevollen Underground-Club von Seattle mit ihrem „gefriergetrockneten Sound" zum Kochen brachten, waren sie in ihren Augen eher die armen Stiefbrüder von Mudhoney, deretwegen sie eigens Everett True vom britischen *Melody Maker* einfliegen ließen, um über sie und die Seattle-Szene zu berichten.

Im Verbund mit dem einflussreichen britischen Kultmoderator John Peel, der die Sub-Pop-Box in seiner vielgehörten Radiosendung vorstellte, legte Everett True den Grundstein für den Erfolg von Grunge Rock – vor allem in Europa. Auf Drängen von Chris Novoselic und ohne sich der Tragweite bewusst zu sein, schloss das Label einen Vertrag mit Nirvana, der später reichlich Geld in ihre Kasse spülen sollte. Zum einen, weil sich *Bleach* sehr gut verkaufte, und zum anderen, weil Sub Pop eine Vergütung für das Album *Nevermind* erhielt, die sich auf mehrere Millionen

Dollar belief und es Pavitt und Poneman ermöglichte, die Hälfte ihres Labels für angeblich 20 Millionen Dollar an den Musikkonzern Warner zu verkaufen.

Um ihr Debütalbum *Bleach* zu promoten, tourten Nirvana unablässig und erregten schon bald das Interesse der gesamten Musikszene. Ihren Auftritt im New Yorker Pyramid Club erlebten zum Beispiel auch Iggy Pop, Helmet und Sonic Youth, deren Bassistin Kim Gordon als eine der Ersten das Potenzial des Trios erkannte. Nachdem Sonic Youth sie mit auf ihre Westcoast-Tour genommen hatten, unterschrieben Nirvana im April 1991 einen Vertrag bei DGC und erhielten 280.000 Dollar Vorschuss, von denen allerdings 75.000 an Sub Pop abgingen. Trotzdem: Kurt Cobain war am Ziel seiner Träume angekommen.

This is Seattle not Arpke

Vor Nirvana, so Bruce Pavitt von Sub Pop Records, dachte die Welt, „wir würden hier oben im Nordwesten alle in Holzfällerhemden mit Motorsägen herumlaufen und kleine Kinder erschrecken".

In Seattle war man weit genug von allen amerikanischen Metropolen entfernt, sodass die einheimischen Bands gar nicht erst auf die Idee kamen, jedem Trend aus New York oder Los Angeles hinterherzuhecheln. Heavy Metal war Ende der 1980er immer noch ebenso angesagt wie Punk, und obwohl die Metal- und die Punk-Fans einander nicht ausstehen konnten, verschmolzen beide Genres im Nordwesten der USA miteinander zu Grunge wie nirgendwo sonst auf der Welt.

Daneben gab es 1988 wenig, womit Seattle das restliche Amerika beeindrucken konnte. Die Flugzeugfirma Boeing hatte ihre größten Zeiten schon hinter sich, und die neuen in Seattle gegründeten Firmen Amazon, Microsoft und Starbucks waren bei weitem noch nicht so mächtig und marktbeherrschend, wie sie es heute sind.

Kurt Cobain war 1987 nach Seattle gezogen und lebte zunächst mit seiner Freundin Tracy Maranda in der Pear Street in West Seattle. Nachdem er sich drei Jahre später sowohl von Tracy als auch von seinem Schlagzeuger Chad Channing getrennt hatte, zog der neue Nirvana-Drummer Dave Grohl bei ihm ein. „Die Küche war eine Kloake, der Kühlschrank war immer leer. Im Wohnzimmer standen ein kaputter Fernseher, ein Plattenspieler, ein Dutzend Platten, ein Sofa und eine Lampe. Der Rest des Zimmers wurde von Kurts riesigem Aquarium eingenommen, in dem sich zwei stinkende Schildkröten befanden. Das winzige Schlafzimmer hatte Kurt schwarz gestrichen, die Toilette war so groß wie ein Flugzeug-WC." Grohl übernahm schon bald die Rolle, die Krist und Tracy sich früher geteilt hatten:

Er räumte hinter Kurt her und kümmerte sich darum, dass er etwas aß.

Auch Dave Grohls erstes „richtig großes" Konzert war ein Festival gewesen, *Monsters of Rock* mit Kingdom Come, Metallica, Dokken, den Scorpions und Van Halen. Im Alter von sieben, acht Jahren begann er, ein Instrument zu lernen – Posaune. An der Thomas Jefferson High School, die er in Alexandria, Virginia be-

suchte, spielte er bei der Morgenandacht Songs von den Circle Jerks und den Bad Brains. Mit 15 trat er bereits mit Freak Baby, seiner ersten Band, auf – zunächst als Gitarrist, schon bald aber als deren Schlagzeuger. Nachdem Freak Baby sich aufgelöst hatte, spielte er mal hier und mal da, bevor er 1990 von Nirvana als Nachfolger von Chad Channing verhaftet wurde, den Cobain übel behandelt hatte: Bei einem Auftritt in Cambridge, Massachusetts hatte er sogar mit einem Wasserkrug nach ihm geworfen, der sein Ohr nur knapp verfehlte.

Zum letzten Mal hatte Channing bei einem Konzert in Boise, Idaho hinter dem Schlagzeug gesessen, in das Kurt sich bei fast jedem Gig fallen ließ, sodass Channing es immer wieder zusammenflicken musste. Seine Drums hielten schon bald nur mit Klebeband zusammen, und obwohl Kurt ihm „mehr Input" versprochen hatte, wurde nie etwas daraus. Denn für Cobain hörten sich Chads Songs wie „Elfenmusik" an, bei der er sich schütteln musste, weil sie „so blöd und idiotisch" war. Bei der Aufnahme ihres Debütalbums *Bleach* war Kurt mit seiner Trommelei alles andere als zufrieden und zeigte ihm ständig, wie er was spielen sollte, sodass Channing sich immer mehr wie ein Drumcomputer vorkam. Als Kurt und Krist ihm erklärten, warum sie ihn nicht mehr in der Band haben wollten, hatte Kurt aber das Gefühl, er hätte jemanden umgebracht.

Bevor Dave Grohl ihr Drummer wurde, traten Nirvana noch einmal mit Dan Peters von Mudhoney am Schlagzeug auf, in der Motor Sports International Garage in Seattle. Die Leute waren alle total aufgedreht und spürten, dass sich gerade etwas Besonderes ereignete. An diesem Abend des 22. September 1990 waren Nirvana endgültig größer als Mudhoney, und man ging davon aus, dass Peters ihr neuer Schlagzeuger war.

Am Tag zuvor hatte allerdings Dave Grohl bei ihnen vorgespielt, und Cobain erhoffte sich von ihm eine Verbesserung ihres Live-Sounds, weil er auch Background-Vocals singen konnte. Die Rechnung ging auf: Bei Grohls Debüt im North Shore Surf Club in Olympia flippten die Kids völlig aus.

POPULÄRER IRRTUM

Der Grunge-Look

Dank Nirvana galten Holzfällerhemden, Strickmützen und Vollbärte in den 1990er Jahren als cool. Die Grunge-Bands aus Seattle haben diesen Stil aber nicht erfunden.

Dort legte man noch nie besonderen Wert darauf, wie sich jemand kleidet. Auch als Grunge explodierte, gab es keinen vorherrschenden, uniformen Stil. Die meisten Rock-Fans kleideten sich in Second-Hand-Läden ein und trugen Doc Martens oder Chucks, zerrissene Jeans und Band-T-Shirts, langärmelige Unterhemden und Leggings, Lederjacken und Trenchcoats oder Morgenröcke aus den 1950er Jahren – und bisweilen auch Flanellhemden.

Doch dann stellte die Modegazette *Vogue* gleich auf zehn Seiten „Grunge-Wear" vor. Die *LA Times* berichtete unter dem Titel „Grunge-A-Go-Go" über den „neuen Look".

Bekleidungsketten wie Gap oder Next führten hektisch Grunge-Linien ein und präsentierten einen ausgezehrten, magersüchtigen und kindlichen Look. Marc Jacobs entwarf eine vom Grunge inspirierte Modelinie für Perry Ellis. Kate Moss posierte in seidenen Flanellhemden für 500 Dollar und sorgsam zerrissenen Jeans, und so manche Mode-Redakteurin schwafelte, dass die Grunge-Fans die elitäre Mode satthätten und zu etwas Organischerem zurückkehren wollten, das mehr street credibility besitze.

All diese Magazine, die Seattle sonst stets links liegengelassen hatten, meldeten sich plötzlich beim Nirvana-Management, um mehr über diesen selbst herbeigeschriebenen Modetrend zu erfahren. Sie erhielten aber meistens nur zur Antwort: „So etwas tragen sie eben. Es ist kalt in Seattle. Das ist alles."

POPULÄRER IRRTUM

Harte Arbeit, wahrer Lohn

Von Nirvana hatten viele noch nie gehört, bevor sie Michael Jackson vom Thron stürzten. Doch ihr Erfolg kam keineswegs über Nacht.

Die Band existierte bereits seit vier Jahren und hatte neun Tourneen bestritten, als ihr Album *Nevermind* im Januar 1992 „plötzlich" die US-Charts anführte. Nirvana hatten jede Möglichkeit wahrgenommen, um live aufzutreten, anfangs auch, ohne eine

noch so kleine Gage zu erhalten. Egal, ob sie vor Studenten in deren Wohnzimmer spielten oder im Club Reko Muse in Olympia, wo ihr Schlagzeuger Chad Channing von Krist Novoselics Bass getroffen wurde, den er bei ihren Auftritten bis zu sechs Meter hochwarf – Nirvana gaben stets alles.

Bei einem Gig in Chicago knallte Kurt Cobain 1989 voll in Chads Schlagzeug, woraufhin sie mit Flaschen beworfen wurden und hinter der Bühne Schutz suchen mussten. Der Mudhoney-Gitarrist Steve Turner war aber völlig überwältigt, als Kurt Cobain bei einem Konzert in San José einen Kopfstand machte und dabei Gitarre spielte.

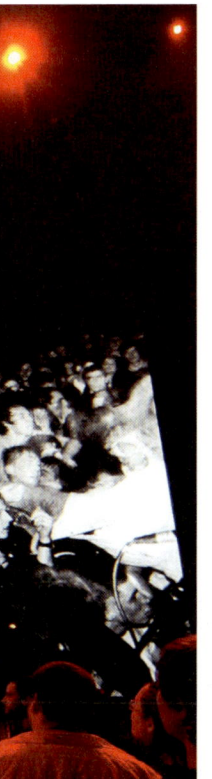

Live-Konzerte waren ihr „täglich Brot", und manchmal waren sie monatelang unterwegs, um dann, wie Krist Novoselic in den Liner Notes ihres Live-Samplers *From The Muddy Banks Of The Wishkah* schrieb, „mit ein- oder zweitausend Dollar" heimzukehren, die sie auch noch durch drei teilen mussten.

Auf ihre erste Auslandstournee gingen sie im Oktober 1989, zusammen mit Tad. In dem Kleinbus, der auch noch ihr Equipment transportierte, mussten sie dichtgedrängt Platz nehmen, was gar nicht so einfach war, da der Tad-Sänger 135 Kilo wog und Krist Novoselic zwei Meter groß war. Sie übernachteten in billigen Hotels, und jeder musste mit zehn Dollar am Tag auskommen.

Der Sound war oft katastrophal, wobei das B-52 in Mönchengladbach ihrem Tontechniker Craig Montgomery zufolge die schlechteste Akustik hatte. Er war somit bereits zufrieden, „wenn sie glatt durch die Songs kamen und das Equipment nicht aufgab".

Am Abend, als in Berlin die Mauer fiel, traten sie im Musiktheater bad in Hannover auf, sodass sie nicht wussten, „was vor sich ging, bevor wir an die Grenze kamen".

Mal schliefen sie in der Garderobe oder im Büro eines Clubs, mal auf dem harten Boden eines besetzten Hauses. Und die Fahrten von einem Auftrittsort zum anderen dauerten oft zwölf, dreizehn Stunden, „als hätten die Booker einen Pfeil auf die Landkarte geworfen, um den nächsten Auftrittsort festzulegen" (Kurt Cobain).

Vor allem zu Beginn ihrer Karriere spielten Nirvana oft vor nur zehn, zwanzig Leuten, die noch nie von ihnen gehört hatten und anfangs gelangweilt herumstanden. Nirvana ließen sich davon

jedoch nicht beeindrucken und wurden immer besser. Als der Autor Greg Kot sie am 1. April 1990 in Chicago sah, war er eigentlich gekommen, um die Headliner Eleventh Dream Day zu sehen, eine sehr beliebte lokale Band. Nachdem er erlebt hatte, wie sich Kurt Cobain die Seele aus dem Leib schrie, „als stecke er zwischen den Zähnen eines riesigen Rottweilers", war er sich aber sicher, dass der Auftritt dieser Vorgruppe nicht mehr zu übertreffen war: „Eleventh Dream Day waren von der Bühne gefegt worden, noch bevor sie eine Note gespielt hatten."

Riecht wie Teen Spirit

Zu der Zeit, als Kurt Cobain und Tobi Vail von Bikini Kill eine Affäre hatten, war Dave Grohl ein paar Wochen lang mit Tobis Bandkollegin Kathleen Hannah liiert. Die beiden Pärchen gingen manchmal gemeinsam skateboarden, und eines Abends sprühte Hannah den Spruch „Kurt riecht nach Teen Spirit" an dessen Schlafzimmerwand, womit das Deodorant gemeint war, das Tobi damals benutzte.

Der Wandspruch inspirierte Kurt kurz darauf zu einem Song, obwohl – oder weil – er zunächst nicht wusste, dass mit Teen Spirit ein Deodorant gemeint war. Mit dem Song wollte er seine Generation keineswegs als gleichgültig verurteilen, der Text handelte vielmehr von seiner eigenen Apathie. Und er hieß zunächst auch „Anthem". Weil es jedoch einen Song mit diesem Titel bereits von Bikini Kill gab und Kurt deshalb Stress mit Tobi Vail bekam, benannte er ihn schließlich in „Smells Like Teen Spirit" um.

Der ursprüngliche Text enthielt die an Tobi gerichtete Frage „Who will be the king and queen oft he outcast teens?" – wer wird König und Königin der jugendlichen Außenseiter sein? Später ließ Courtney Love jedoch keinen Zweifel daran, dass die Zeile sie und ihren Mann bezeichnete, um ihre Zugehörigkeit zum Rockadel zu untermauern.

Das in Boston stationierte Alternative-Radio WFNX war wohl der erste Sender, der „Smells Like Teen Spirit" spielte. Sein Musikchef Kurt St. Thomas hatte bereits vor der offiziellen Veröffentlichung ein Exemplar der Single erhalten und sie Mitte August 1991 eingesetzt. WFNX erhielt daraufhin so viele Höreranfragen, dass es den Song in die Heavy Rotation nahm.

Er kam nicht nur bei weißen Jugendlichen gut an, sondern auch bei schwarzen. Lil Wayne überkam beim Hören des Songs das Gefühl, „ich bin ein Rebell, ich kann mich darin wiederfinden, ich weiß, wovon der spricht". Und der Rapper A$AP Rocky erinnerte sich: „Als ich aufwuchs, hatte ich durchaus von Kurt Cobain gehört und kannte Nirvanas ‚Smells Like Teen Spirit', nicht nur das übliche Zeug, das man in Harlem erwartet."

Als Nirvana den Song bei einem Showcase im Roxy auf dem Sunset Strip in L.A. spielten, um den Vertriebs- und PR-Mitarbeitern ihrer neuen Plattenfirma einen Vorgeschmack zu geben, mit wem sie es künftig zu tun haben, war nicht nur Lisa Gladfelter Bell, die damalige Pressesprecherin der David Geffen Company, „überwältigt von ihrer Leidenschaft": „Sie waren so ungeschliffen und vermittelten so viel Gefühl; sie sprachen jeden an, aus den verschiedensten Gründen. Damals gaben sie einfach alles." Cheryl Kovalchik, die Geffen-Promoterin für San Francisco, war ebenso fassungslos: „Die Menge drehte völlig durch. Vor der Bühne entstand ein riesiger Moshpit, die Leute flippten total aus." Nirvanas neuer Manager Danny Goldberg wusste instinktiv: „Daran werden wir uns unser Leben lang erinnern."

Unter der Regie von Sam Bayer, der noch nie einen Musik-Clip gedreht hatte, entstand zwei Tage später, am 17. August 1991, das Video zu „Smells Like Teen Spirit". Echte Fans, die man im Roxy per Handzettel als Statisten angeworben hatte, spielten die Zuschauer. Dave Grohl erzählte später, wie Bayer versucht hatte, ihnen das Konzept zu erklären. Bei der ersten Strophe sollten sie noch total gelangweilt gucken und einfach auf ihren Sitzen verharren, um am Ende den ganzen Laden auseinanderzunehmen. Die Fans waren allerdings schon beim ersten Refrain nicht mehr zu bremsen. Grohl: „Der Regisseur brüllte aus vollem Hals, dass man sich doch verdammt noch mal beruhigen sollte, sonst würde er alle rauswerfen lassen. Es war ziemlich witzig, wie dieser Mann die Kids aufzuhalten versuchte, die einfach nur was kaputtschlagen wollten."

Der damalige Geffen-Geschäftsführer Bill Bennett befürchtete, dass es nicht leicht sein würde, den Song im Radio unterzubringen, da er zu der Zeit „mit nichts vergleichbar" war. Und auch Danny Goldberg wurde überrascht: „Für uns war es nur ein Rock-Song, uns war nicht klar, dass er auch im Pop-Radio laufen könnte". Statt bei 15 ausgesuchten College-Radios lief er schon bald „im gesamten Modern-Rock-Bereich". Am 21. Dezember 1991 wurde er erstmals in den Hot 100 Airplay Charts notiert.

Am 25. Januar 1992 stand „Smells Like Teen Spirit" auf Platz 1 der *Billboard*-Verkaufscharts. Am 1. April hatte sich die Scheibe bereits eine Million Mal allein in den USA verkauft. Drei Tage später coverte der Rock-Komiker Weird Al Yankovicz den Song, der bei ihm „Smells Like Nirvana" hieß, weshalb Kurt Cobain sich „echt geehrt" fühlte. Erst als er das Video von Weird Al Yankovicz gesehen hatte, beteuerte Kurt Cobain später, habe er begriffen, „dass sie es geschafft hätten".

Bereits am 11. Februar hatte die Songwriterin Tori Amos eine, wie Kurt Cobain fand, „großartige Frühstücksversion" des Hits veröffentlicht. Und im Oktober nahm die schwule Rockband Pansy Division eine weitere Version davon auf: „Smells Like Queer Spirit". Für die schwulenfreundliche Haltung Nirvanas bedankte sie sich auf der Hülle der Single: „Mit vielen Küssen an Nirvana. Keine andere amerikanische Superstar-Rockband hat sich bisher so mutig für Schwule ausgesprochen. Weiter so."

Später spielten auch Avril Lavigne, David Garrett, Limp Bizkit, Metallica und die Melvins, Miley Cyrus und Patti Smith, Paul Anka und Pearl Jam den größten Hit von Nirvana. Und sogar die australische Abba-Revival-Band Bjorn Again nahm den Song in ihr Programm auf. Eine der eigenwilligsten Versionen stammt jedoch von Erdmöbel, einer aus dem westfälischen Münster stammenden Band, die den Song 2007 übersetzte: „Riecht wie Teen Spirit".

„Smells like Teen Spirit" schaffte es sogar auf den Catwalk der Fashion Week in Paris.

AHA!

Never mind the Baby

Eigentlich sollte das zweite Nirvana-Album *Sheep* heißen, doch das klang Kurt Cobain zu „möchtegernintellektuell", weshalb er es *Nevermind* nannte.

Der neue Titel war sowohl eine Metapher seiner Einstellung zum Leben als auch grammatisch inkorrekt, er spielte auf *Never Mind The Bollocks* an, das Album der Sex Pistols, und er verschmolz zwei Wörter, die auch im Text von „Smells Like Teen Spirit" vorkamen, in dem es heißt: „Oh well, whatever, never mind."

Für das Cover hatte Cobain bereits seit zwei Jahren Entwürfe produziert. Als er im Fernsehen einen Beitrag über Unterwasser-

geburten sah, verwarf er jedoch alle Ideen und skizzierte ein Baby, das hinter einer Dollarnote herschwamm.

Mit dem Coverfoto wurde Kirk Weddle beauftragt, der sowohl Mädchen als auch Jungs fotografierte. Überraschenderweise ausgewählt wurde dann aber eins, auf dem der Penis eines kleinen Jungen deutlich zu sehen war, obwohl Kurt Cobain eine Obsession für Vaginas hatte, wie seine Kunstwerke zeigen.

Als ein Plattenladen im kalifornischen Ventura ein Poster des Covers ins Schaufenster hängte, ging bei der Stadtverwaltung prompt eine Beschwerde ein, weil der Anblick eines nackten Babys ein öffentliches Ärgernis sei und sich jemand davon be-

VISIONS 75th ANNIVERSARY COMPILATION

lästigt fühlte. Ein Gesetzeshüter stellte daraufhin unmissverständlich fest: „Es geht um Nacktheit, egal, ob die Person ein oder 88 Jahre alt ist."

Für den Fall, dass sich solche Beschwerden häufen sollten, ließ Nirvanas Plattenfirma den Penis vorsichtshalber schon einmal wegretuschieren. Und Cobain verteidigte das Cover: „Es ist doch wohl okay, die Genitalien eines Babys zu zeigen. Wäre es wirklich ein Problem gewesen, wollten wir den Penis mit einem Aufkleber verdecken: Wenn Sie das hier stört, sind Sie wahrscheinlich heimlich pädophil." Dazu kam es aber dann doch nicht, weil die Aufregung sich schnell legte.

Rechtzeitig zum 30. Jahrestag der Veröffentlichung von *Nevermind* forderte Spencer Elden, der als vier Monate alter Säugling für das Cover fotografiert worden war, jedoch, „aus Respekt vor meiner Intimsphäre", die Genitalien auf dem Bild zu retuschieren. Elden warf Nirvana, dem Fotografen, dem Cover-Designer und der Plattenfirma vor, Kinderpornografie zu verbreiten. Und klagte, dass seine Eltern nur 200 Dollar dafür erhalten und nicht gewusst hätten, dass das Foto auf einem Cover veröffentlicht würde.

Seine Forderung war insofern überraschend, als Elden 2015 in Interviews gesagt hatte, das Babyfoto hätte ihm Türen zur Kunstszene geöffnet. Auch war er in einen Pool gesprungen, um das Motiv nachzustellen, hatte sich den Schriftzug von *Nevermind* auf die Brust tätowieren lassen und wollte 2016 angeblich sogar nackt unter Wasser posieren, was der beauftragte Fotograf dem Boulevardblatt *New York Post* zufolge aber abgelehnt hätte.

Nachdem seine Klage, das Cover sei sexuelle Ausbeutung und verstoße gegen ein Bundesgesetz, abgewiesen wurde, weil das entsprechende Gesetz erst 2003 beschlossen worden war und nicht rückwirkend angewendet werden könne, änderte Elden seine Klage ab und zog erneut vor Gericht. Das Bezirksgericht Los Angeles lehnte aber auch diese Klage ab, weil er zu lange damit gewartet hätte. Woraufhin Elden die endgültige Ablehnung anfocht. Seinen Anwälten zufolge würde die Verjährungsfrist in seinem Fall nicht gelten, da Elden immer noch negativ von dem Foto betroffen sei und unter „extremen anhaltenden psychischen und emotionalen Verletzungen" leide. Dabei beriefen sie sich auch auf „Masha's Law", das Opfern von Kinderpornografie ermöglicht, bis ins Erwachsenenalter Schadensersatz zu fordern.

Was er von der leidigen Angelegenheit, die bei Redaktionsschluss dieses Buch noch immer nicht abgeschlossen war, hält, hatte Dave Grohl bereits 2021 zu Protokoll gegeben: „Er hat ein *Nevermind*-Tattoo. Ich habe keins."

Get in the Ring: Runde 1

Axl Rose war ein großer Fan von Nirvana. Kurt Cobain verachtete die Macho-Posen des Guns N' Roses-Sängers jedoch aus ganzem Herzen.

Als Rose nach einem Konzert von Nirvana im Palace Theatre von Los Angeles zu ihnen in die Garderobe kommen wollte, um sie zu begrüßen, ging Cobain ihm aus dem Weg und verkrümelte sich.

Axl Rose war not amused, fragte Nirvana kurz darauf aber trotzdem, ob sie nicht auf seiner Geburtstagsparty spielen wollten. Nirvana lehnten das ebenso ab wie ein lukratives Angebot, mit Metallica und Guns N' Roses auf Stadion-Tournee zu gehen. Kurt Cobain wollte auf gar keinen Fall auf derselben Bühne wie Rose stehen, weil Guns N' Roses „die falschen Werte" propagierten, zum Beispiel Sexismus. Und auch Krist Novoselic und David Grohl hassten und verabscheuten die damals größte Rock'n'Roll-Band der Welt.

Rose war daraufhin zutiefst beleidigt und fluchte bei einem Konzert in Orlando, Florida über diesen „Scheiß-Junkie mit seiner Junkie-Frau". Um dann noch auf den Drogenkonsum von Courtney Love während ihrer Schwangerschaft anzuspielen: „Wenn das Kind mit Missbildungen zur Welt kommt, gehören die beiden in den Knast."

Als Axl Rose mit seiner damaligen Freundin, dem Model Stephanie Seymour, später bei den MTV Awards Kurt und Courtney begegnete, rief Courtney ihm höhnisch zu: „Hey Axl, willst du der Pate unserer Tochter sein?" Rose war außer sich und drohte Cobain: „Sag deiner Alten, sie soll das Maul halten, sonst kriegt ihr von mir auf die Fresse." Woraufhin Kurt sich mit einer Roboterstimme an Courtney wandte: „Halt's Maul, du Schlampe." Stephanie Seymour versuchte, die Wogen zu glätten, und fragte Courtney: „Bist du ein Model?" Courtney verneinte das und erwiderte bissig: „Bist du Astrophysikerin?"

Im Oktober 1992 sahen sich Krist Novoselic und Dave Grohl trotzdem das Konzert von Guns N' Roses und Metallica im Kingdome von Seattle an und machten sich darüber lustig, wie schlecht die Truppe von Axl Rose sei. Novoselic und der Mudhoney-Manager Bobby Whittaker betranken sich so sehr, dass sie fast rausgeworfen wurden, als sie backstage einen Buffettisch umwarfen.

Im Februar darauf erschien im Schwulen-Magazin *Advocate* eine Titelgeschichte über „die dunklen Seiten des Kurt Cobain", die Kurt selbst eingefädelt hatte, ohne seine Pressemanagerin darüber zu informieren. Darin nahm er kein Blatt vor den Mund und wärmte den Zwist mit Guns N' Roses noch einmal auf: „Sie haben null Talent und schreiben beschissene Musik."

Ausgerechnet der aus Seattle stammende Guns N' Roses-Bassist Duff McKagan war dann einer der Letzten, die Kurt Cobain vor seinem Tod noch gesehen haben. Als er nach einer Tournee nach Hause flog, saß Kurt zufällig neben ihm: „Er war aus der Reha ausgebüxt und wirklich verzweifelt. Er wusste nicht, was er tun sollte. Leider ging es mir nicht viel besser." Als McKagan im Flughafen von Seattle auf seinen Koffer wartete, fragte er seinen Kumpel Eddie: „Warum nehmen wir Kurt nicht mit? Er könnte ein bisschen Gesellschaft gebrauchen – er sollte heute Nacht nicht alleine bleiben." Doch da war Kurt Cobain schon abgeholt worden und verschwunden.

Macht mal …

Von *Nevermind* hatte die David Geffen Company anfangs bescheidene 46.251 Stück pressen lassen, weil man davon ausging, dass Nirvana unwesentlich mehr Platten verkaufen würden. Mehrere Wochen lang war das Album deshalb nicht erhältlich, obwohl die Kids bei seiner Veröffentlichung vor den Plattenläden Schlange gestanden hatten. Diesen Fehler wollte man beim Nachfolger *In Utero* nicht mehr machen.

In Utero verkaufte sich dann auch in der ersten Woche 180.000 Mal und stieg gleich auf Platz 1 der *Billboard*-Charts ein – obwohl es in den 4000 Walmart- und Kmart-Filialen anfangs wegen des Songs „Rape Me" und der Föten-Collage auf der Rückseite des Covers nicht angeboten wurde.

Dabei hatte Steve Albini, der Produzent des Albums, befürchtet, dass es überhaupt nicht erscheinen würde, weil sowohl die Plattenfirma als auch das Management von Nirvana es „grässlich" fänden. Als Greg Kot ihn für die *Chicago Tribune* interviewte, nahm Albini kein Blatt vor den Mund. Im Hause Geffen habe man es für „reine Spinnerei" gehalten, dass Nirvana mit ihm arbeiten wollten, und das fertige Produkt für „nicht veröffentlichungsfähig".

Offiziell wurde das natürlich dementiert. Der damalige Geffen-Geschäftsführer Bill Bennett gab später jedoch zu, dass *In Utero* hausintern nicht als „geeignetes Nachfolgewerk" betrachtet wurde. Und obwohl das Label eine Presseerklärung veröffentlichte, in der Kurt Cobain Gerüchte über Geffens Einmischung zurückwies, ließ man die Songs „Heart-Shaped Box" und „All Apologies" vom R.E.M.-Produzenten Scott Litt neu abmischen. Kurt fügte auch noch Akustikgitarren und Begleitgesang hinzu.

Allzu ungewöhnlich war das allerdings nicht. Auch *Nevermind* war von Andy Wallace noch einmal komplett überarbeitet worden. Und Geffen hatte die erste Fassung des Aerosmith-Albums *Get A Grip* ebenfalls nicht gefallen und Neil Young sogar verklagt, weil er eine „untypische" Platte abgeliefert hatte, das Elektronik-Album *Transformer Man*.

Natürlich mussten Nirvana betonen, dass die Plattenfirma keinen Druck auf sie ausgeübt hatte, um nicht ihr Gesicht zu verlieren. Und der Geffen-Präsident Ed Rosenblatt bestätigte, dass das Label das veröffentlichen würde, „was die Band uns vorlegt". Steve Albini war jedoch verärgert: „Und wenn man die Band für ein ganzes Jahr ins Studio gesteckt hätte, sie hätte keine bessere Platte einspielen können." Wenn das von ihm produzierte Album ihrer Plattenfirma nicht gefalle, zürnte er, habe sie „Probleme, die weit über diese Platte hinausgehen".

Der Nirvana-Manager Danny Goldberg bestritt das energisch: „Nicht die Band oder die Plattenfirma machten hier den Stress, sondern Steve Albini." Kurt hätte ihn als Produzenten ausgewählt, „um den Fans der ersten Stunde zu zeigen, dass er noch immer einer von ihnen war". Albini hätte die Platte aber sehr dumpf abgemischt, sodass man den Gesang nicht hören konnte. Daher habe Kurt Scott Litt gebeten, die Singles neu abzumischen: „Kurt hatte bei der Platte hundertprozentige Kontrolle über alles."

Um Albinis Behauptungen zurückzuweisen, schaltete man eine ganzseitige Anzeige im Branchenmagazin *Billboard*. Im britischen *Q*-Magazin bestätigte Dave Grohl sie jedoch im September 1993. Der für Nirvana zuständige A&R-Manager Gary Gersh sei „ausgeflippt", als die Band ein derart wichtiges Album nach echter Punkmanier aufnehmen wollte: „Die dachten wohl, macht mal und amüsiert euch, Jungs, und anschließend suchen wir euch einen richtigen Produzenten."

Get in the Ring: Runde 2

Das Debütalbum von Pearl Jam, der aus Seattle stammenden Band um den aus San Diego eingeflogenen Sänger Eddie Vedder, war bereits erschienen, als Nirvana *Nevermind* veröffentlichten. Es dauerte aber ein Jahr, bis es so richtig abräumte. Ihr zweites Album, das 1993 herauskam, verkaufte sich jedoch deutlich schneller: Während Nirvanas drittes Album *In Utero* sich in der ersten Woche „nur" 180.000 Mal verkauft hatte, setzten Pearl Jam von *Vs.* 950.000 Exemplare in der Woche nach seiner Veröffentlichung ab. Damit war Nirvana nicht länger die größte Rockband der Welt.

Ähnlich wie Nirvana waren auch Pearl Jam politisch interessiert und fühlten sich demselben gegenkulturellen Ethos verpflichtet, wofür sie nicht nur in der Indie-Community von Seattle geschätzt wurden. Kurt Cobain neidete ihnen aber den Erfolg und warf ihnen vor, „eine Fusion aus kommerzialisiertem, alternativem und schwanzgesteuertem Macho-Rock zu machen". Warum an Pearl Jam nicht dieselben hehren Punkrock-Ansprüche gestellt wurden wie an Nirvana und die Boulevardpresse sich nicht ebenso für Eddie Vedders Privatleben interessierte wie für seins, konnte er nicht verstehen. Und obwohl er immer öffentlich behauptete, dass es ihm nicht darum ginge, der Größte zu sein, verfolgte er eifersüchtig, wie Pearl Jam an Nirvana vorbeizogen. So rief er seinen Manager Danny Goldberg an und fragte ihn: „Du, ich gucke gerade MTV, und sie haben schon dreimal ein Video von Pearl Jam gespielt und nur einmal eins von uns. Mögen die uns nicht mehr?"

Dass Pearl Jam dem Grunge-Lager zugeordnet wurden, obwohl sie seiner Meinung nach harmlosen Mainstream-Rock machten, lastete er ihnen an. „Ich bin mir ziemlich sicher, dass sie sich keine Mühe geben, ihr Publikum so sehr zu fordern, wie wir das getan haben", gab er beleidigt im Interview mit dem *Rol-*

ling Stone zu Protokoll. Zwar gab er vor, kein Problem mit ihnen zu haben, äußerte sich dann aber doch sehr verächtlich über sie.

Wer im Glashaus sitzt, sollte jedoch nicht mit Steinen werfen. So erinnerte Mark Arm, der Sänger von Mudhoney, an die *In Utero*-Tour: „Da waren Nirvana schon eine riesige Maschinerie, bei der jeder in der Band seinen eigenen Roadie hatte und noch dazu eine Gruppe Lichttechniker und eine Gruppe Soundtechniker. Und die Tour war einfach ein Krampf. Es war eine der schlimmsten Erfahrungen, die ich je im Rockgeschäft gemacht habe. Sie umgaben sich mit so vielen ekligen Managertypen. Mit einfach grässlichen, widerlichen Leuten, mit denen ich mich nie und unter keinen Umständen hätte abgeben wollen. Und das war eine Band, die bei Sub Pop groß geworden war und Punkwurzeln hatte!"

Die Medien griffen die Fehde zwischen Nirvana und Pearl Jam dankbar auf und köchelten den Krieg zwischen Kurt Cobain und Eddie Vedder immer wieder hoch. Während Cobain darunter litt, dass Punk-Puristen ihm den Ausverkauf seiner Ideale vorwarfen, sprach er selbst Pearl Jam jegliche Integrität ab. Dabei hatten Pearl Jam Mark Arm zufolge „für unbekannte Bands ebenso viel getan wie Nirvana". Und Arm fand es vorbildlich, wie Pearl Jam sich der Tretmühle, in die sie von ihrer Plattenfirma hineingezwungen wurden, verweigerten und nicht mehr mitspielten: „Man muss sich nicht den Kopf wegschießen, um aus dieser Lage herauszukommen. Man hört einfach auf, Interviews zu geben und Videos zu drehen." Pearl Jam seien sich in dieser Beziehung absolut einig gewesen und hätten sich gegenseitig durch diese Zeit geholfen.

Kurt Cobains Abneigung mag darin begründet gewesen sein, dass Pearl Jam bei einem gemeinsamen Silvester-Konzert, das sie 1991 im Cow Palace in San Francisco gaben, als erste auf die Bühne gekommen waren und „Smells Like Teen Spirit" angespielt hatten, um dann abzubrechen und zu verkünden: „Wir haben es zuerst gespielt!" Die Crew von Nirvana fand das nicht so witzig, Nirvana lieferten dann aber eine höchst explosive Show ab und zertrümmerten am Ende ihre Instrumente. Was ewig dauerte. Sie schlugen ungefähr zehn Minuten auf ihr Equipment ein, kamen immer wieder zurück auf die Bühne und warfen mit dem Zeug um sich. Auch ihr Trailer im VIP-Bereich war hinterher total verwüstet.

Pearl Jam versuchten, die Spannungen, die zwischen beiden Bands herrschten, herunterzuspielen, weil ihnen bewusst war, dass sie in punkto Glaubwürdigkeit mit ihrem radiotauglichen Classic Rock den Kürzeren ziehen würden. Der schwelende Streit zwischen ihnen wurde aber immer wieder angefacht. So fragte die *LA Times* im Juli 1993 zwölf Programmchefs von Radiosendern, welches Album Fans kaufen würden, wenn sie die Wahl zwischen *In Utero* und *Vs.* hätten. Nur einer tippte auf *In Utero*. Eine Umfrage im Handel ergab das gleiche Ergebnis: Das Pearl-Jam-Album würde sich ein Drittel besser verkaufen als das von Nirvana, wenn beide Alben zeitgleich veröffentlicht würden.

Nirvana. Eine Zeitreise

Die erste Ausgabe des Fanzines *Subterranean Pop* erscheint.	**1979**
Bruce Pavitt benennt seine Kolumne im Magazin *The Rocket* und seine Radioshow bei KCMU-FM nach seinem Fanzine, das mittlerweile *Sub Pop U.S.A.* heißt.	**1983**
Auf dem Vinyl-Sampler *Sub Pop 100* ist erstmals das schwarzweiße Sub Pop-Logo abgebildet.	**1986**
Kurt Cobain und Krist Novoselic gründen Nirvana.	**1987**
Im Sub Pop Singles Club erscheint die Nirvana-Single „Love Buzz".	**1988**
Nirvana brechen am 20. Oktober zu ihrer ersten Europatournee auf, die unter dem Motto *Heavier than Heaven* steht. Anlässlich der Veröffentlichung ihres ersten Albums *Bleach* am 9. Juni spielen Nirvana zusammen mit Mudhoney und Tad im ausverkauften Moore Theatre in Seattle.	**1989**
Nirvana treten erstmals mit Dave Grohl am Schlagzeug auf und gehen als Vorgruppe von Sonic Youth auf Tournee entlang der Westcoast.	**1990**
Premiere des Films *Singles* am 17. April. Das Album *Nevermind* erscheint am 24. September – bis heute hat es sich ca. 30 Millionen Mal verkauft. Zusammen mit Hole und L7 geben Nirvana am 25. Oktober ein Benefizkonzert für Rock For Choice, eine gemeinnützige Organisation, die sich für das Recht auf Abtreibung einsetzt.	**1991**

1992 Am 11. Januar verdrängt *Nevermind* Michael Jacksons Album *Bad* von Platz 1 der US-Charts. Kurt Cobain muss am Tag darauf in New York nach einer Überdosis ins Krankenhaus.

Im Februar geben Nirvana fünf Konzerte in Osaka und nehmen Jingles für den japanischen Fernsehsender Space Shower TV auf; Krist textet eine Zeile unbemerkt um: „You're watching Golden Shower TV."

Als erster US-Bundesstaat beschließt Washington, dass Plattenhändler verhaftet werden können, wenn sie obszöne oder nicht jugendfreie Musik an Minderjährige verkaufen. Nirvana, Soundgarden und Pearl Jam engagieren sich erfolgreich gegen diese *Erotic Music Bill*, die im November 1993 zu Makulatur wird, weil sie das Recht auf freie Meinungsäußerung eingeschränkt hätte.

Am 10. September geben Nirvana ein Benefizkonzert zur Unterstützung der Kampagne No On 9 gegen die Beschränkung der Rechte Homosexueller.

Gemeinsam mit William S. Burroughs nimmt Kurt Cobain die 10-Inch *The Priest They Called Him* auf.

Frances Bean Cobain kommt am 18. August gesund zur Welt.

Am 15. Dezember veröffentlichen Nirvana das Album *Incesticide*, eine Zusammenstellung von Demos, Outtakes, bisher unveröffentlichten Tracks und Songs, die sie für BBC-Sessions unter der Regie von John Peel aufgenommen hatten.

1993 Im Februar erscheint die EP *Whores Moaning* von Sonic Youth, deren Cover von Kurt Cobain gestaltet wurde.

Nirvana, die Breeders und L7 geben ein Benefizkonzert für Vergewaltigungsopfer in Bosnien.

Dave Markeys Film über die Tour von Sonic Youth und Nirvana erscheint unter dem Titel *1991: The Year Punk Broke*.

Das Album *In Utero* wird im September veröffentlicht – bis heute hat es sich ca. 15 Millionen Mal verkauft.

Gitarrenkampf bis zum Tod: Für ein Halloween-Konzert in Akron, Ohio verkleiden sich Kurt als Dinosaurier Barney, Dave als Mumie, Krist als schwarzgesichtiger Ted Danson und Pat Smears als Slash von Guns N' Roses.

MTV zeichnet für seine *Unplugged*-Reihe ein Konzert von Nirvana auf, zu dem sie als Gastmusiker Cris und Curt Kirkwood von den Meat Puppets eingeladen haben.

Bei einem Auftritt in Atlanta fordert Kurt Cobain lauthals einen Zuschauer auf, nicht mehr die Brüste einer Frau zu begrapschen.

Zum ersten und einzigen Mal treten Kurt Cobain und Courtney Love zusammen auf – im Club Lingerie in Hollywood auf einem Benefizkonzert zugunsten von Rock Against Rape. Die Einnahmen gehen an First Strike Rape, eine Initiative, die Selbstverteidigungskurse für Frauen organisiert.

1994 ....

Kurt und Courtney kaufen für 1,13 Millionen Dollar ein graues, schindelgedecktes Haus am Lake Washington Boulevard East 171 in Seattles recht noblem Wohnviertel Madrona am Westufer des Lake Washington.

Nirvana geben am 1. März ihr letztes Konzert im Terminal 1 in München, einer nur 3500 Zuschauer fassenden ehemaligen Flughafenhalle.

Kurt Cobain erschießt sich am 5. April in seinem Haus am Lake Washington.

Dave Grohl gründet die Foo Fighters.

1998 Nick Broomfields Film *Kurt & Courtney – Wie starb Kurt Cobain wirklich?* erscheint.

2004 Nach langem Streit zwischen Courtney Love und den verbliebenen Bandmitgliedern Dave Grohl und Krist Novoselic erscheint mit *With the Lights Out* das meistverkaufte Box-Set aller Zeiten.

2005 Das Kurt Cobain Memorial Committee fügt im April dem Ortsschild „Willkommen in Aberdeen" noch ein „Come As You Are" hinzu.

2006 NECA produziert eine Kurt-Cobain-Action-Figur.

Courtney Love verkauft 25 Prozent ihrer Anteile an Nirvana-Songs für 50 Mio. Dollar an den ehemaligen Virgin-Geschäftsführer Larry Mestel; Love kontrolliert 98 Prozent der Verlagsrechte.

Frances Bean Cobain posiert für die Modezeitschrift *Elle* in den Outfits ihres Vaters.

2015 Der Dokumentarfilm *Montage of Heck* wird erstmals auf dem Sundance Film Festival gezeigt.

Punk ist Freiheit

Das erste Punk-Konzert, das Kurt Cobain besuchte, war für ihn ein einschneidendes Erlebnis: Als die Melvins 1983 auf dem Parkplatz des einzigen Lebensmittelladens von Montesano auftraten, spielten sie schneller, als Kurt Cobain es sich bis dahin hatte vorstellen können, und mit mehr Energie, als er es von seinen Iron-Maiden-Platten kannte: „Das war es, wonach ich gesucht hatte."

Punkrock bedeutete für ihn fortan die Freiheit, alles zu akzeptieren, was einem gefiel, und alles so schludrig zu spielen, wie man mochte, solange man es mit Leidenschaft tat.

Er behauptete nie, ein Punk zu sein, sondern sagte immer nur, dass ihm Punkrock gefalle. Und er war auch nicht der Punk, der er sein wollte, aber das war für ihn immer noch besser, „als ein ganz normaler Irrer zu sein".

Jello Biafra von der kalifornischen Punk-Band Dead Kennedys sah seine Rolle hingegen kritischer. Einem seiner Bonmots zufolge wurden Nirvana von der amerikanischen Plattenindustrie promotet, „um weiße Mittelklasse-Teenager von radikaler Rap-Musik fernzuhalten".

Das Gefühl, auf Platz 1 der US-Charts zu stehen, war für Kurt Cobain jedoch dasselbe, wie auf Platz 16. Der einzige Unterschied bestand für ihn darin, „dass dir jetzt noch mehr Leute in den Arsch kriechen wollen". Besser hätte es Johnny Rotten nicht ausdrücken können.

POPULÄRER IRRTUM

Wer's glaubt ...

Das dritte Nirvana-Album *In Utero* war kaum erschienen, da weigerten sich die übermächtigen Discounter Walmart und Kmart, es in ihr Programm aufzunehmen. Die Embryo-Collage auf der Rückseite des Covers und den Song „Rape Me" fanden sie so anstoßerregend, dass sie lieber auf den zu erwartenden Profit verzichteten, als das Album ihren Kunden zuzumuten.

Die Föten wurden daraufhin aus der Collage entfernt, und „Rape Me" erhielt einen Titel, der nicht so explizit auf Sex und Vergewaltigung hindeutete: „Waif Me". Nicht nur Fans und Kritiker waren daraufhin überzeugt, dass Nirvanas Plattenfirma, die David Geffen Company, die Band massiv zu dieser Selbstzensur gedrängt hatte. Der Geffen-Geschäftsführer Bill Bennett bestätigte später, dass man Nirvana unter Druck gesetzt hatte, damit *In Utero* sich so gut verkaufte wie *Nevermind*.

Der Nirvana-Manager Danny Goldberg behauptet hingegen noch heute, dass es allein Kurt Cobains Entscheidung war, den Song umzubenennen und das Artwork zu ändern: „Ich hätte das nicht getan, ich hasse so etwas." Vergeblich versuchte er, ihn davon abzuhalten, und es habe auch keinen Druck seitens der Plattenfirma gegeben, weil Nirvana ihre umsatzstärkste Band war und sie ihren Künstlern nicht auf die Zehen treten wollte: „Geffen fasste sie mit Samthandschuhen an."

Für die Konzessionen sei allein Kurt Cobain verantwortlich gewesen, „weil er in einer Stadt ohne Plattenläden aufgewachsen" und einst in Aberdeen auf Walmart angewiesen gewesen war. Ihm war es wichtig, dass alle Fans Zugang zu seinen Platten hatten und so viele Leute wie möglich sie kaufen konnten.

Offensichtlich hatte sich Danny Goldberg auch in diesem Fall die Wirklichkeit zurechtgebogen, wie er es brauchte, denn der Walmart in Aberdeen, so Charles R. Cross in *Kurt Cobain intim*, wurde erst lange, nachdem Kurt weggezogen war, eröffnet.

Miss World

Kurt Cobain hatte kaum die Hole-Sängerin Courtney Love geheiratet, da wurde sie auch schon mit Nancy Spungen und Yoko Ono verglichen.

Nancy Spungen war die heroinsüchtige Freundin von Sid Vicious, dem Bassisten der Sex Pistols, die von Vicious wahrscheinlich im Rausch erstochen wurde. Ihr Tod wurde nie ganz aufgeklärt, weil Vicious wenig später, nach einer Überdosis Heroin, ebenfalls starb. Obwohl es ihrer Hilfe kaum bedurft hätte, warf man dem Punkrock-Groupie vor, Sid Vicious in den Abgrund gezogen zu haben. Yoko Ono hingegen wurde zum Sündenbock gestempelt, als sich die Beatles auflösten, und man unterstellte ihr, sie habe es nur auf John Lennons Geld abgesehen.

Im Film *Sid & Nancy* von Alex Cox hätte Courtney Love am liebsten die weibliche Hauptrolle übernommen (sie spielte dann nur Nancys Freundin) und für Yoko Ono empfand sie „schon immer eine Sympathie". Das wär's aber auch gewesen. Love: „Ich bin unter keinem Aspekt eine dieser beiden Frauen und auch keine Mischung aus beiden."

Die Tochter der Heilpraktikerin Linda Carroll und des Grateful-Dead-Roadies und Autors Hank Harrison („A Social History Of Haight Ashbury") wuchs inmitten nackter Hippies auf, „die im Kreis um den Swimmingpool tanzten und dazu Gestalttherapie machten". Als sie neun war, zog sie mit ihrer Mutter nach Neuseeland, wo sie aufs Internat musste, weil sie Alkohol trank. Mit zwölf klaute sie ein Kiss-T-Shirt und wurde dafür ins Erziehungsheim gesteckt.

Anfang der 1980er Jahre packte sie schließlich ihre Sachen und strippte in Tokio und in Alaska, bevor sie in England mit Julian Cope liiert war, der sie später als „Heroin-Schlampe" beschimpfte, die sich an Nirvana gehängt habe, um ihnen das Gehirn auszusaugen.

Zurück in den USA, gründete sie 1984 mit Kat Bjelland und Jennifer Finch die Riot-Grrrl-Group Sugar Babydoll, aus der dann die Bands Babes in Toyland, L7 und Hole hervorgingen. Sie war also schon ganz schön rumgekommen, als sie sich in Kurt Cobain verliebte, und selbst im Begriff, ein Star zu werden – sodass Vorwürfe, sie hätte ihn als Sprungbrett für die eigene Karriere benutzt, nur darauf abzielten, sie zu diskreditieren. In der Tat verkauften Hole anfangs mehr Platten als Nirvana.

Je populärer Kurt und Courtney wurden, desto gehässiger fielen die Anfeindungen aus. Man neidete ihr nicht nur den Erfolg, sondern auch ihr privates Glück: *Vanity Fair* posaunte hinaus, dass Courtney Love während ihrer Schwangerschaft Drogen genommen habe, was dazu führte, dass ihr vorübergehend das Sorgerecht für die Tochter Frances Bean entzogen wurde. Und obwohl Cobain bereits heroinsüchtig war, als er Courtney Love kennenlernte, gab man der „Junkie-Braut" die Schuld für seinen Drogenkonsum – weshalb sie sich manchmal wünschte, nicht mehr im Zentrum des Grunge-Rock, sondern in einer Kleinstadt zu leben: „Kurt würde in einer Tankstelle arbeiten und ich in einer Oben-ohne-Bar."

Auf seinen Selbstmord reagierte sie so wütend, wie man das von ihr kannte. Als sich 7000 trauernde Nirvana-Fans im Seattle Center einfanden, um seine letzten, von Courtney Love auf Cassette gesprochenen Worte zu vernehmen, wurden sie von ihr aufgefordert, Cobain als „Arschloch" zu brandmarken, das sich aus der Verantwortung gestohlen habe.

Die Atmosphäre war total vergiftet, doch Courtney Love schürte weiter das Feuer. Im Internet tauchten Schmähbriefe gegen den Sänger Eddie Vedder von Pearl Jam auf, die offensichtlich von ihr stammten. Dann verkündete sie, sie erwarte von Trent Reznor, dem Sänger von Nine Inch Nails, ein Kind – um zwei Tage später zu dementieren: „War nur ein Witz." Für einen Videoclip ihrer Band Hole zum Song „Doll Parts" engagierte sie Kurt-Cobain-Doppelgänger – woraufhin sich Kritiker in ihrer Ansicht bestätigt sahen, sie würde auch noch den Tod ihres Mannes skrupellos für sich ausnutzen.

Reaktionen blieben nicht aus. Die Babes in Toyland stempelten sie in einem Song als Lügnerin ab. Mudhoney fragten sie auf ihrem Album *My Brother The Cow* zynisch: „Warum bläst nicht auch du dir das Gehirn raus?" Gerüchte wurden kolportiert, wonach sie Cobains Asche in einen Teddybären eingenäht habe, den sie stets bei sich trüge, wenn sie durch die Bars ziehe. Und im Juli 1994 wurden englischen Musikzeitungen Fotos zum Kauf angeboten, auf denen sie angeblich im Bett mit dem Lemonheads-Sänger Evan Dando zu sehen war. Die delikaten Schnappschüsse wurden jedoch nie veröffentlicht.

Dass sie nicht Everybody's Darling war, schien sie allerdings nicht weiter zu stören. Als sie auf dem englischen Reading-Festival auftrat, schrieb sie den Text des Hole-Songs „Miss World" kurzerhand um. Statt „I am the girl you know can't look you in the eyes" sang Courtney Love dort: „I am the girl you know, the one that should have died." Und auf T-Shirts ihrer Band Hole ritt eine Hexe auf einem Besen durch die Nacht.

Auch sonst ging sie weiterhin keinem Streit aus dem Weg. In einer von Love nicht autorisierten Biografie berichtete die Amerikanerin Melissa Rossi über 17 tätliche Angriffe der „Queen of Noise". Und im September 1995 wurde sie von einem Gericht in Ephrata, Washington, zu einem Jahr Gefängnis verurteilt, weil sie die Sängerin Kathleen Hannah „auf den Kopf geschlagen" hatte. Die Strafe wurde zur Bewährung ausgesetzt, weil Love sich verpflichtete, an einem Selbstbeherrschungstraining teilzunehmen und sich mindestens zwei Jahre lang nicht mehr zu Gewaltausbrüchen hinreißen zu lassen.

A Love Story

Darüber, wie aus Kurt und Courtney ein Liebespaar wurde, gibt es zwei Versionen. Beide sind ziemlich romantisch und wahr.

Der 12. Oktober 1991 war nicht nur der Tag, an dem „Smells Like Teen Spirit" auf Platz 5 in den US-Charts notiert wurde und Nirvana in Chicago ein herausragendes Konzert absolvierten. An diesem Tag wälzte sich auch Courtney Love mit dem englischen Journalisten Everett True nach ihrem Auftritt auf dem Boden des Cabaret Metro. Beide waren total betrunken und kugelten ungeniert inmitten „trendiger L.A.-Typen mit breiten Jackenaufschlägen und vorgebleichten Jeans" herum, als Kurt Cobain sich zu ihnen gesellte. „Wie läuft's denn so?", fragte Kurt amüsiert Everett True. „Und wer ist das da? Willst du uns nicht vorstellen?"

Statt Everett antwortete Courtney: „Ich kenne dich! Du bist Kurt Cobain, und du bist ein Arschloch." Was nicht böse gemeint war, so begrüßte man sich damals halt in der Alternative-Rock-Szene. Dann boxte sie ihn in den Magen, woraufhin Kurt zusammenklappte und sie zu dritt auf dem Boden miteinander rangelten. Als die Security auf die drei aufmerksam wurde und sie auseinanderbringen wollte, kreischte Courtney: „Fasst ja Kurt nicht an, er ist ein verdammter Rockstar!" Fünf Minuten später saß sie bereits auf seinem Schoß, und noch in derselben Nacht hatten sie zum ersten Mal miteinander Sex. Kurz darauf war Kurt Cobain zu Gast in der englischen Fernsehsendung *The Word* und verkündete, dass Courtney Love „der beste Fick der Welt" sei.

Doch das war nur die halbe Wahrheit, die der englische Nirvana-Biograf Everett True in seiner *True Story* erzählte. Denn zu diesem Zeitpunkt kannten Kurt und Courtney sich längst.

Trues in Seattle lebendem Kollegen Charles R. Cross zufolge waren sich Kurt und Courtney bereits am 12. Januar 1990 im Satyricon, einem schummrigen Nachtclub in Portland, Oregon, begegnet. 30 Sekunden, nachdem sich ihre Blicke erstmals getroffen hatten, sollen die beiden sich auf dem Boden gebalgt und miteinander gerungen haben; da noch ohne Everett True.

Courtney Love hatte an einem Tisch Hof gehalten und Kurt mit der Bemerkung begrüßt „Du siehst aus wie Dave Pirner", der damals sehr populäre Sänger von Soul Asylum („Runaway Train"). Woraufhin Kurt sie „direkt vor der Jukebox" (Courtney) zu Boden rang, während gerade ihr damaliger Lieblingssong von Living Color lief. Sie war überrascht, dass Kurt sie auf dem vom Bier klebrigen Boden festnagelte. Courtney war sieben Zentimeter größer als er und zweifellos stärker, doch Kurt kam seine Ringererfahrung zugute, und er half ihr auch schnell wieder auf und schenkte ihr zur Versöhnung einen Aufkleber seines Maskottchens Chim Chim, dem Äffchen aus dem Cartoon *Speed Racer*.

Glaubt man Michael Azerrad, dem Autor der ersten, von Kurt autorisierten Nirvana-Biografie *Come As You Are*, war es für ihn Liebe auf den ersten Blick: „Ich dachte, sie sieht aus wie Nancy Spungen. Sie sah aus wie ein klassisches Punk-Rock-Girl. Ich fühlte mich irgendwie zu ihr hingezogen. Wollte mit ihr an diesem Abend vielleicht sogar ficken, aber sie verschwand."

Als Courtney über ihre Freundin Jennifer Finch (L7) von Dave Grohl erfuhr, dass Kurt wieder Single war, schickte sie ihm eine herzförmige Schachtel, in der sich eine winzige Porzellanpuppe, drei getrocknete Rosen, eine Miniatur-Teetasse und mit Schellack überzogene Muscheln befanden. Bevor sie ihm diese mit Samt und Seide ausstaffierte Box schickte, besprühte Courtney sie mit ihrem Parfum. „In der Pear Street in Olympia eingetroffen", so Charles R. Cross, „war das duftende Schächtelchen sofort das Bestriechende im ganzen Apartment" – was angesichts des verwahrlosten Zustands der Wohnung aber kein großes Kunststück gewesen sei.

Bei ihrem zweiten Date im Mai 1991 tauschten sie sich bereits im Palladium von Los Angeles über Hustensäfte aus. Kurt trank das Zeug direkt aus der Flasche und war völlig aus dem Häuschen, als Courtney aus ihrer Handtasche ein Fläschchen Hustensirup hervorzauberte, der sogar noch mehr reinhaute als die

Sorte, die ihm als Heroinersatz diente. Die Umstehenden sollen diesen Erfahrungsaustausch als sexuell aufgeladen empfunden haben, doch dann prahlten sie über ihre Bands, ihre Deals und ihre Musik, um einander zu beeindrucken. Noch in derselben Nacht rief er sie um drei Uhr morgens unter einem Vorwand an – sie telefonierten fast eine Stunde lang.

Es dauerte dann fünf Monate, bis sie sich erneut über den Weg liefen. Courtney war mit Hole und Mudhoney zur gleichen Zeit in Europa unterwegs wie Kurt mit Nirvana und Sonic Youth. Als sie ihn sah, habe ihr Herz einen Satz gemacht, bekannte sie freimütig, doch er verhielt sich wie ein Arschloch und verließ den Club, in dem sie aufgetreten war, mit zwei Groupies im Schlepptau; er wollte wohl Courtney eins auswischen, die noch immer mit Billy Corgan von den Smashing Pumpkins zusammen war, dessen Liebesbriefe sie allerdings weitaus interessanter fand als ihn selbst.

Am 12. Oktober 1991 fand schließlich das bereits von Everett True beschriebene Treffen im Cabaret Metro von Chicago statt. Courtney schmuggelte sich auf Nirvanas Backstage-Party und hielt schnurstracks auf Kurt zu. Nach einem Spaziergang am Lake Michigan landeten sie in einem Motel. Als sie sah, dass er einen Slip mit Zebrastreifen trug, riet sie ihm, sich Boxershorts zuzulegen.

In der darauffolgenden Woche schickten sie sich täglich Faxe und telefonierten miteinander. Als sie sich bei einem Benefizkonzert für Rock For Choice in Los Angeles wiedersahen, schlug Kurt ihr vor, gemeinsam Heroin zu nehmen. Courtney zögerte anfangs, ließ sich dann aber von ihm anfixen. Anschließend fanden sie bei einem Spaziergang einen toten Vogel am Straßenrand, dem Kurt drei Federn ausriss – eine für Courtney, eine für sich und eine für das Baby, „das wir haben werden".

Kurt konnte es kaum fassen, so glücklich zu sein, und vergaß mitunter sogar, dass er in einer Band spielte. Als Zeichen ihrer Verlobung trug Courtney einen fast hundert Jahre alten Ring, und als die beiden Anfang Dezember mal wieder im Bett lagen, beschlossen sie, zu heiraten.

Am 24. Februar 1992 wurden sie am Strand von Waikiki von einer konfessionslosen Priesterin getraut, die ihnen von einer hawaiianischen Hochzeitsagentur vermittelt worden war. Courtney trug ein Kleid, das einmal der von Kurt verehrten Schauspielerin Frances Farmer gehört hatte, und er selbst einen blaugrün- und weiß-karierten Schlafanzug. Kurt weinte, ergriffen von der Zeremonie, Courtney aber nicht. Damit endete der romantische Teil ihrer Love Story – und der Horror begann.

POPULÄRER IRRTUM

Einmal Junkie, immer Junkie

Angeblich waren Tobi Vail und Courtney Love daran schuld, dass Kurt Cobain sich Heroin spritzte. Er war aber schon süchtig, bevor er mit ihnen zusammen war.

Nachdem er bereits alle möglichen Drogen ausprobiert hatte, von Alkohol über Haschisch und LSD bis zum Opiat Percodan, nahm Kurt Cobain nach eigener Aussage im Sommer 1986 zum ersten Mal Heroin, das ihn vergessen ließ, was um ihn herum passierte. Der Legende zufolge setzte er sich aber erst vier Jahre später einen Schuss, angeblich, weil Tobi Vail ihm das Herz gebrochen hatte. In der Künstlerszene von Olympia war Heroin allerdings tabu, anders als in Seattle, wo zahlreiche Grunge-Musiker im Laufe von ein paar Jahren an einer Überdosis krepierten. Und Slim Moon bestritt vehement, dass Tobi Vail den Grundstein für seine Sucht gelegt hatte: „Wenn du eines Tages feststellst, dass dein Freund drückt, und du dann mit ihm Schluss machst, bist du dann die Böse? Nein, du hast nur gesunde Grenzen gesetzt." Kurt sei vielmehr schon vorher ein Junkie gewesen, und seine Sucht habe eine Rolle bei ihrer Trennung gespielt.

1987 hatte Cobain erstmals heftige Magenschmerzen verspürt und versucht, sie mithilfe von Heroin zu lindern. Nach der Tour mit Sonic Youth spritzte er sich deshalb, seinem Tagebuch zufolge, täglich Heroin: „Wenn es mir schon so geht wie einem Junkie, dann kann ich auch gleich einer werden."

Courtney hatte ebenfalls bereits Erfahrung mit Heroin, als Kurt sie anfixte. Im Sommer 1989 hatte sie versucht, sich von der Droge, die in der Rockszene von Los Angeles angesagt war, zu entwöhnen, indem sie eine Zwölf-Schritte-Gruppe besuchte und buddhistische Mantras sang. Doch sie traf, wie der Nirvana-Manager Danny Goldberg versicherte, „ganz sicher keine Schuld daran, dass Kurt heroinabhängig wurde".

Dass er ein Fixer war und zeitweise 400 Dollar pro Tag für Heroin ausgab, wurde erstmals im Januar 1992 im Musikmagazin *Bam* angedeutet und verbreitete sich wie ein Lauffeuer. Zum Auftritt in der TV-Show *Saturday Night Live* erschien er anderthalb Stunden zu spät. Mit Courtney schloss er sich eine Stunde im Bad ein und nickte dann auf einem Sofa ein. Die Pressesprecherin seines Labels, Lisa Gladfelter Bell, sollte ihn fünf Minuten vor Beginn der Aufzeichnung wecken: „Es war ein Alptraum." Der Auftritt verlief dann „ganz ordentlich", und offiziell hieß es, Kurt sei lediglich „von den Tourneen erschöpft". Er selbst befürchtete aber, dass seine Tochter behindert zur Welt kommen könnte, weshalb Courtney sich von einem Spezialisten untersuchen ließ, der sie aber beruhigte. Nach einem Interventionsgespräch, das seine Plattenfirma organisiert hatte, machte das Paar einen Entzug, bevor Nirvana auf Tournee durch Australien und Japan gingen.

Während Cobain im *Rolling Stone* bestritt, Heroin konsumiert zu haben, gab Love das offen zu: „Wir haben uns richtig zugedröhnt." Sie schwor, im Anschluss an die Intervention keine Drogen mehr genommen zu haben, weil sie schwanger war. Kurt versuchte hingegen, das Fixen vor ihr geheim zu halten und spritzte sich weiterhin Heroin – in einem begehbaren Wandschrank. Als Courtney das herausbekam, war sie so sauer, dass sie seine Spritzen zerbrach.

Im Juni 1992 wurde Kurt in Belfast in ein Krankenhaus eingeliefert, offiziell, weil er ein blutendes Magengeschwür hatte. Seinem Biografen Michael Azerrad erzählte er jedoch später, dass er schlicht vergessen hätte, die ihm verordneten Methadontabletten einzunehmen, weshalb er Entzugserscheinungen hatte. Anfang August unternahm er deshalb erneut einen – 25 Tage dauernden – Drogenentzug, diesmal im Cedars-Sinai Medical Center in Los Angeles.

Auch Courtney Love checkte dort ein, aus Angst sich selbst etwas anzutun, nachdem sie vorab einen Artikel aus *Vanity Fair* gelesen hatte, in dem behauptet wurde, sie habe „noch einige

Monate" Heroin genommen, obwohl sie wusste, dass sie schwanger war. Kurt Cobain war außer sich und drohte der *Vanity Fair*-Autorin, ihrem Hund die Gedärme aufzuschlitzen, sie von oben bis unten vollzuscheißen und abzustechen. In einem Statement, das von ihrem Management verbreitet wurde, bestritten sie „ausdrücklich" die in *Vanity Fair* erhobenen Vorwürfe.

Als bei ihr die Wehen einsetzten, zog Courtney ihren Infusionsständer hinter sich her und stürmte in das Zimmer ihres Mannes, der im selben Krankenhaus einen Entzug machte: „Du stehst sofort auf und kommst mit. Du lässt mich das nicht allein durchstehen", brüllte sie ihn an. Geschwächt, wie er war, fiel er bei der Geburt seiner Tochter jedoch in Ohnmacht.

Ihre Tochter Frances Bean kam am 18. August um 7:48 Uhr kerngesund zur Welt. Klatschreporter drangen jedoch in Courtneys Krankenzimmer ein, durchwühlten den Papierkorb und lasen ihre Faxe. Eine Kopie ihrer Krankenakte landete bei der *LA Times*, und Sozialarbeiter befragten sie, mit der *Vanity Fair* unterm Arm, nach ihrem Drogenkonsum während der Schwangerschaft. Das Jugendamt von Los Angeles entzog den Eltern schließlich das Sorgerecht und übergab ihr Baby in die Obhut von Courtneys Halbschwester Jamie Rodriguez.

Courtney Love verklagte das Cedars-Sinai Medical Center und ihren Arzt Michael Horwitz wegen der Weitergabe ihrer Krankenakte an die Presse. Sie beschuldigte die Klinik und den Arzt der Kurpfuscherei, der Vernachlässigung medizinischer Pflichten, der unrechtmäßigen Weitergabe von Patientendaten, der Verletzung ihrer Privatsphäre, der falschen Darstellung ihrer Person in der Öffentlichkeit sowie des vorsätzlichen und fahrlässigen Auslösens seelischer Beeinträchtigungen und forderte 250.000 Dollar Schadensersatz.

Im April 1993 einigte sie sich außergerichtlich mit den Angeklagten. Und zu dieser Zeit erhielten Kurt und Courtney auch das Sorgerecht für ihre Tochter Frances Bean zurück. Ein Familiengericht verfügte das Ende der Drogentests, denen sich beide hatten unterziehen müssen, und der Überwachung durch

Sozialarbeiter. Kurt wurde daraufhin allerdings wieder rückfällig. Und das Drama der Love Story nahm seinen Lauf.

In der *Los Angeles Times* gab er jedoch den verantwortlichen Vater: „Ich möchte nicht, dass meine Tochter später in der Schule gehänselt wird oder zu hören bekommt, ihre Eltern wären Junkies gewesen. Ich kann gar nicht sagen, wie sehr sich meine Einstellung geändert hat, seit Frances da ist. Mein Baby im Arm zu haben ist die beste Droge der ganzen Welt."

Achterbahn der Emotionen

Bevor Kurt Cobain sich erschoss, machte er Courtney Love das Leben zur Hölle: Anfang Juni 1993 wurde er von der Polizei wegen des Verdachts häuslicher Gewalt vernommen. Nach einem Streit darüber, dass Kurt Waffen im Haus aufbewahrte, hatte Courtney ihm Saft ins Gesicht gegossen und er sie geschubst. Anschließend waren beide schreiend durchs Haus gelaufen und hatten laut Musik gehört, woraufhin ihre „ziemlich empfindlichen" Nachbarn die Polizei alarmierten.

Die war gleich mit mehreren Streifenwagen angerückt, um Kurt festzunehmen, entließ ihn aber drei Stunden später wieder, da kein Strafantrag vorlag; später widersprach das vermeintliche Opfer dem Polizeibericht und bezeugte, dass ihr Mann ihr keine Gewalt angetan habe: „Kurt ist nicht gewalttätig und schlägt keine Frauen. Wir passen so gut zusammen wie kein anderes Paar der Welt."

Als Reaktion auf die Berichte, in welch erbärmlichen Zustand er sich befinde, ließ Kurt sich auf dem größten englischen Festival in Reading Ende August in einem Krankenhausnachthemd und mit einer blonden Courtney-Perücke in einem Rollstuhl auf die Bühne schieben. Es schien ihm Mühe zu bereiten, sich zu erheben und zum Mikrofonständer zu schleppen, doch dann sang er „The Rose" von Bette Midler, die in einem Kinofilm bekanntlich Janis Joplin verkörpert hatte, und lieferte „einen enorm kraftvollen Auftritt ab" (Danny Goldberg); er wurde später auch auf DVD veröffentlicht, weil er einer der besten überhaupt war in der Karriere von Nirvana. Am Ende hatte Kurt die 80.000 Zuschauer so fest im Griff, dass sie lauthals „Courtney, wir lieben dich!" riefen.

Als die mit ihrer Band Hole im November im Vorprogramm der Lemonheads auftrat, kochte die Gerüchteküche trotzdem über. Angeblich soll sie mit dem Lemonheads-Sänger Evan Dando

Nancy Spungen und der Sex-Pistols-Bassist Sid Vicious aka Simon Ritchie

fremdgegangen sein und ihre Affäre mit Billy Corgan von den Smashing Pumpkins wieder aufgewärmt haben.

Auf Hotelanmeldungen trugen sich Kurt und Courtney oft als Mr. und Mrs. Simon Ritchie ein, so hatte der Sex-Pistols-Bassist Sid Vicious mit bürgerlichem Namen geheißen. Das war ihre Art, sich darüber lustig zu machen, dass Courtney oft mit Sids Freundin Nancy Spungen verglichen wurde, wenn man ihr unterstellte, es nur auf Kurts Geld abgesehen zu haben.

Unter dem Namen Simon Ritchie Bluegrass Ensemble buchten Nirvana im Februar 1993 auch das Pachyderm Studio in Cannon Falls, Minnesota, einem kleinen Örtchen 65 Kilometer südöstlich von Minneapolis, um unter der Regie von Steve Albini mit den Aufnahmen zu ihrem dritten Album zu beginnen.

Im November 1992 checkten Kurt & Courtney zudem im Four Seasons Olympic in Seattle unter Axl Roses bürgerlichem Namen Bill Bailey ein.

In Seattle nahm das Drama seinen Lauf: Am 2. Mai 1993 rief Courtney Love die Notrufzentrale von Kings County an, nachdem sie Kurt erfolglos mit kaltem Wasser begossen und ihm Valium und andere Medikamente verabreicht hatte, um die Wirkung des Heroins abzuschwächen. Es sei „eigentlich keine richtige Überdosis" gewesen, erklärte ihr Babysitter Cali DeWitt. „Wenn man sich einen Schuss setzt, dann filtert man die Droge durch einen Wattebausch. Wenn auch nur das kleinste Bisschen von der Watte in die Nadel und dadurch auch in die Blutbahn gerät, dann regiert der Körper auf dieses Wattepartikel. Man fängt an zu zittern und bekommt Fieber. Körperlich ist das übler als eine Überdosis." Eine Überdosis erwischte Kurt in dieser Zeit aber auch. DeWitt legte ihn daraufhin in das Jacuzzi im oberen Stockwerk des Hauses am Lake Washington und ließ die Wanne mit kaltem Wasser volllaufen. „Das machte ihn wieder munter."

Am 1. Juni organisierte Courtney deshalb eine Interventionssitzung, zu der sie unter anderem Krist Novoselic und Kurts Stiefvater einlud. Sie erzählte, dass sie selbst an Sitzungen der Narcotics Anonymous teilnahm, doch Kurt wollte nicht hören, was seine Freunde und Verwandten zu sagen hatten, und stürmte aus dem Zimmer.

Sechs Wochen später erwischte Kurt die nächste Überdosis. Am Tag, an dem Nirvana auf dem New Music Seminar in New York spielen sollten, rief Courtney über den ganzen Flur ihres Hotels nach Cali, der Kurt mit einer Nadel im Arm und weit geöffneten Augen auf dem Boden seines Zimmers vorfand. Er war „wie tot". Cali zog ihm die Nadel aus dem Arm, ohrfeigte ihn und stieß ihm hart gegen das Brustbein, bis er alle Luft aus der Lunge stieß und wieder zu atmen begann.

Es sollte nicht seine letzte Überdosis sein. Nachdem zwei für Anfang März 1994 geplante Konzerte in Deutschland wegen seines labilen Gesundheitszustandes verlegt worden waren, flog Kurt nach Rom, wo er sich mit Courtney traf, die in London das neue Hole-Album *Live Through This* promotet hatte. Sie begossen ihr Wiedersehen mit Champagner, und Kurt kaufte ihr Rosen und „ein Stück vom Kolosseum". Am 4. März wachte sie jedoch um 6:30 Uhr auf und entdeckte Kurt auf dem Boden ihres Zimmers. Er blutete aus der Nase und wurde in die Umberto I Polyclinic eingeliefert, weil er 60 Rohypnol-Tabletten eingenommen hatte. Offiziell wurde von einem Unfall gesprochen, offenbar war es aber wohl ein Selbstmordversuch.

Es dauerte fast einen ganzen Tag, bis er wieder aus dem Koma erwachte, und Courtney hoffte in der *LA Times*, ihn nie wieder so blau angelaufen auf dem Boden liegen zu sehen: „Ich dachte, ich hätte über die Jahre schon ziemlich viel durchgemacht, aber das war das Schlimmste."

Kurz darauf musste sie in Seattle erneut zum Telefonhörer greifen und die Polizei anrufen. Kurt hatte sich mit einer Waffe in seinem Zimmer eingeschlossen und wollte sich ihr zufolge umbringen. Kurt bestritt das gegenüber den Beamten, die aber „eine Beretta .380, eine Taurus .38, eine Taurus .380 und ein halbautomatisches Colt-Gewehr, außerdem 25 Kisten mit verschiedener Munition für die Größen .223, .380 und .38 sowie ein Fläschchen mit verschiedenen Tabletten" konfiszierten.

Seine Freunde organisierten daraufhin ein weiteres Interventionsgespräch, Kurt starrte jedoch nur auf den Boden und sagte nichts. Offenbar fühlte er sich in die Ecke gedrängt. Trotzdem gelang es Courtney, ihn zu überreden, gemeinsam im Exodus Recovery Center einzuchecken, einer Entzugsklinik in Marina del Ray, in der er schon einmal behandelt worden war. Am Flughafen änderte er jedoch wieder seine Meinung, sodass sie allein nach L.A. flog, in der Hoffnung, er würde nachkommen. Sie sollte ihn nicht mehr lebend wiedersehen. Ihre „Achterbahn der Emotionen, mit diesen Extremen, dass man gleichzeitig miteinander kämpft und sich liebt", wie Kurt ihre Beziehung in Details beschrieben hatte, war vorbei.

Sex, Lügen und Übertreibungen

Für so manchen populären Irrtum war Kurt Cobain selbst verantwortlich. Oft nahm er es mit der Wahrheit nicht genau und hatte Spaß daran, Lügengeschichten zu erzählen.

Nachdem seine Mutter ihn vor die Tür gesetzt hatte, musste Kurt Cobain unter einer Brücke schlafen, der Young Street Bridge in Aberdeen. Das erzählte er immer wieder, bis er es offenbar selbst glaubte. Krist Novoselic bestritt das jedoch vehement: „Er hing vielleicht dort herum, aber an diesem schlammigen Ufer, wo sich der Wasserstand ständig änderte, konnte man nicht leben. Das hat er nachträglich dazugedichtet."

Mitunter log Kurt so dreist, dass sich die Balken bogen. Zwar hatte er einen Eignungstest der Navy für Berufsanfänger bestanden, doch keineswegs das beste Ergebnis aller Zeiten erzielt. Als die Polizei von Aberdeen ihn im Mai 1986 festnahm, weil er auf einem Dach herumgeklettert war und wegen Hausfriedensbruch angeklagt wurde, machte er falsche Angaben und stellte sich größer und gewichtiger dar, als er war. Da er nicht in der Lage war, eine Kaution aufzutreiben, musste er für acht Tage in den Knast. In dieser Zeit, tönte er, habe er pornografische Bilder als Wichsvorlagen für andere Häftlinge gezeichnet, die er gegen Zigaretten tauschte. Es hätte nicht lange gedauert, bis sich die gesamten Zigarettenvorräte seines Trakts in seiner Zelle befanden.

Selbst seine Freunde flunkerte er an und behauptete ihnen gegenüber, in Arztpraxen zu putzen, weil er dort Medikamente klauen konnte. Als Gebäudereiniger eingesetzt wurde er jedoch in Industriegebäuden, in denen es kaum etwas zu stehlen gab.

Ende 1991 hatte er eine Affäre mit Mary Lou Lord, einer Straßenmusikerin aus Boston, die ihm nach Bristol gefolgt war, als Nirvana dort ihre England-Tournee starteten. Die beiden lagen bereits im Bett, als Courtney ihn anrief, der ein DJ gesteckt hatte, Mary Lou Lord sei nun „Kurts Freundin". Aufgebracht fiel sie gleich mit der Tür ins Haus: „Wer zur Hölle ist Mary Lou Lord, und wieso muss ich mir anhören, dass sie deine Freundin ist?" Ohne ihren Namen auszusprechen, bestritt Kurt, etwas mit jener Frau zu haben, die neben ihm lag.

Immer wieder klagte er auch, dass er alle Songs allein schreiben müsse. Sobald sich jemand erdreistete, ihn beim Wort zu nehmen und sich wie Jason Everman, der vorübergehend Nirvanas vierter Mann war, ein paar neue Gitarrensoli einfallen ließ, führte Kurt sich aber auf, als habe man ihn übergangen, und feuerte Everman – natürlich, ohne ihm das zu sagen.

Und auch in seinem letzten größeren Interview für den *Rolling Stone* log er, ohne rot zu werden. Die Zeitschriften brächten immer diese Rockstar-Klischees, nörgelte er: „Sting, der große Umweltschützer, und Kurt Cobain, der wehleidige, jammernde, neurotische, gehässige Typ, der alles hasst, seinen Rockstar-Ruhm genauso wie sein Leben." Dabei sei er „noch nie so glücklich wie jetzt" gewesen – wovon angesichts all der Dramen, in deren Mittelpunkt er stand, des Beziehungsstresses mit Courtney Love und seiner zahlreichen Drogeneskapaden nun wirklich nicht die Rede sein konnte.

Chronik eines angekündigten Todes

Kurt Cobains Selbstmord kam keineswegs überraschend daher – mit dem Thema beschäftigte er sich schon seit seiner Kindheit.

Die Trauerfeier vor der Space Needle in Seattle kam der Nirvana-Chronistin Carrie Borzillo-Vrenna wie „ein kleines Lollapalooza" vor: Kids spielten mit Hacky-Sack-Bällen, Frauen verteilten Grablichter, andere sprangen in einen Brunnen, als wollten sie Kurt Cobains Leben feiern, statt seinen Tod zu beweinen, und ein Fan hatte sogar einen zahmen Leguan dabei.

Derweil veröffentlichten Tageszeitungen Ratgeber für Eltern depressiver Teenager und auf MTV appellierte Kurt Loder an die Fans: „Tut es nicht! Es hat keinen Sinn!"

Die Angst, sie könnten es Kurt Cobain nachmachen und sich umbringen, war nicht unberechtigt: Der 28-jährige Daniel Kaspar aus Seattle tötete sich mit einer Pistole, nachdem er eine Nacht lang auf ein Foto der Leiche Cobains gestarrt hatte. In Dublin erschoss sich eine 16-Jährige mit einem Gewehr – sie „tat es für Kurt". Und in Kanada vergifteten sich drei 18-jährige Fans mit Autoabgasen: „Als Kurt Cobain starb, sind auch wir gestorben."

Dabei kam Kurt Cobains Selbstmord keineswegs überraschend. Sein Großonkel Burle Cobain hatte sich 1979 erschossen, dessen Bruder Kenneth 1984, und auch Kurts Urgroßvater war letztlich an sich selbst zugefügten Verletzungen gestorben. Als Kurt in der achten Klasse war, hatte sich ein Junge aus Montesano erhängt und Kurt die an einem Ast baumelnde Leiche eine halbe Stunde lang angestarrt und daraufhin behauptet, auch „Selbstmord-Gene" zu haben. 1982 drehte er einen Super-8-Film, der zeigte, wie er sich angeblich die Pulsadern aufschnitt und *Kurt begeht blutigen Selbstmord* hieß. Als er 1985 im Haus seiner Tante Mari ein Demo aufnahm, fiel der ein Text mit dem Titel „Seaside Suicide" auf, sodass sie vermutete, Kurt habe schon einmal versucht, sich umzubringen. Einem Mitschüler

gegenüber prahlte er: „Ich werde als Musiker ein Superstar, dann bringe ich mich um und werde in einer Flamme des Ruhms verglühen." Und seinem Tagebuch vertraute er an, dass er sich nicht mehr nur aufs Dach hocken und daran denken wolle, hinunterzuspringen, sondern sich tatsächlich umzubringen gedachte.

1986 bestellte er bei einem Versandhandel ein Video, das einen echten Selbstmord mit einem Gewehr zeigte, und verkündete, als jemand ihn warnte, er werde noch an einer Überdosis sterben, sich lieber erschießen zu wollen. Und in Paris ließ er sich im Februar 1994 bei den Aufnahmen eines Band-Fotos mit einer Schusswaffe im Mund ablichten.

In seinem „Hüttenjahr", 1986, als er in einer Bruchbude in Aberdeen wohnte und oft schon mittags „völlig hinüber" war, wie Krist Novoselic später bemerkte, zerbrach Kurt sich nicht den Kopf darüber, was er mit 30 machen wolle, weil er eh nicht so lange leben würde. „Du weißt doch, wie das Leben nach 30 aussieht", gab er seinem Freund Ryan Aigner zu verstehen, der einen Block weiter wohnte, „darauf kann ich verzichten." Aigner: „Er war der wandelnde Selbstmord. Er sah aus wie Selbstmord, er ging wie Selbstmord, und er sprach über Selbstmord."

Bei einem Konzert in Rom erklomm er 1989 einen Lautsprecherturm und schrie: „Ich bringe mich um!" Das Publikum skandierte daraufhin: „Jump! Jump! Jump!" Irritiert kletterte Cobain wieder herunter.

In Brett Morgens Buch zum Film *Montage of Heck* wies Courtney Love darauf hin, dass Kurt genau wusste, wie man die Medien mit erfundenen Geschichten auf sich aufmerksam machen kann, und erinnerte sich, wie sie mal den Wishkah bestiegen hatten und Kurt, auf dem Gipfel des Berges angekommen, den Göttern zugerufen habe: „Ich werde der größte Rockstar der Welt werden, und wenn ich 27 bin, bringe ich mich um." An Versuchen, aus dem Leben zu scheiden, hatte es nicht gefehlt.

Mehr auf ein Ende als auf einen Neubeginn deutete auch die Bühne bei Nirvanas Konzert für *MTV Unplugged* hin. Kurt hatte darauf bestanden, dass sie mit schwarzen Kerzen, Leuchtern und seinen Lieblingsblumen, Sternguckerlilien, dekoriert würde. Als ein Mitarbeiter von MTV ihn fragte, ob es wie bei einem Begräbnis aussehen solle, antwortete Kurt nur knapp: „Exakt."

POPULÄRER IRRTUM

Der erste MTV-Tote

Als sich sein Leben durch den Erfolg von „Smells Like Teen Spirit" grundlegend verändert hatte, nutzte Kurt Cobain jede Gelegenheit, um seine prüden Landsleute zu provozieren. Doch der Rummel, den man wegen Millionen verkaufter *Nevermind*-Alben um seine Person trieb, nervte ihn zusehends.

„Es gehört nicht viel Mut dazu, auf die Bühne zu gehen und Gitarre zu spielen", versuchte er seine Bedeutung kleiner zu machen, als sie war. „Wir wollen nicht als Halbgötter verehrt werden. Ich wäre völlig zufrieden, wenn wir eine Kultband wären." Mit seinem Tod erfüllte sich sein Wunsch: Cobain ging als „der erste MTV-Tote" (*Spex*) in die Geschichte ein.

Tori Amos glorifizierte ihn zum neuen Messias: „Wenn mich jemand fragt, ob ich Jesus gefunden habe, sage ich: Ja, ich habe ihn vor ein paar Jahren auf einem Nirvana-Konzert gesehen." R.E.M. widmeten ihm den Song „Let Me In". Eddie Vedder dachte zunächst ans Aufhören, „verarbeitete" dann aber den Suizid, indem er mit Pearl Jam „Last Exit" aufnahm und Neil Youngs „Peace And Love" zu Ende schrieb. Slashs Snakepit griffen das Drama um den Star, der keiner sein wollte, in „Lower" auf. Und The Residents sangen in „The Aging Musician": „Maybe if I put a bullet in my brain, they remember me like Kurt Cobain – God damn MTV!"

In Interviews hatte Kurt Cobain immer wieder darüber gesprochen, dass es nicht so toll sei, „zwanzig Mal am Tag auf MTV zu laufen", und sich einen Vertrag darüber gewünscht, wie oft ein Videoclip eingesetzt werden dürfe. Andererseits hatte er sich bei seinem Management beklagt, dass MTV nicht oft genug Clips von Nirvana zeige. Ähnlich widersprüchlich verhielt er sich auch gegenüber dem *Rolling Stone*. Einerseits war er ganz heiß darauf, dass das Blatt über Nirvana berichtete. Zu einem Fototermin anlässlich einer Titelstory erschien er dann aber in einem T-Shirt mit der Aufschrift „Corporate Magazines Still Suck".

Boxenstopp für das Leben danach

Am 5. April 1994 trat Kurt Cobain dem Club 27 bei. Am Freitag, den 8. April 1994 um 8:40 Uhr entdeckte der Elektriker Gary Smith, der im Haus der Cobains am Lake Washington Boulevard 171 eine Sicherheitsbeleuchtung installieren sollte, die Leiche von Kurt Cobain. Bevor er die Polizei benachrichtigte, informierte er jedoch erst seinen Chef über den grausigen Fund, der wiederum prompt den Radiosender KXRX anrief und ihm „die Story des Jahrhunderts" anbot – als Gegenleistung erwartete er Freikarten für ein Konzert von Pink Floyd.

Smith hatte durch die Fenster des über einer Garage liegenden Gewächshauses die Leiche des auf dem Boden liegenden Rockstars gesehen, mit einem Schrotgewehr über dem Körper und einer deutlich erkennbaren Kopfwunde. Die Tür war von innen verriegelt und unter die Klinke hatte jemand zusätzlich einen Stuhl geschoben. Eine Stunde später berichtete KXRX bereits darüber, dass Kurt Cobain tot sei.

Als die Polizei eintraf, fand sie einen mit roter Tinte geschriebenen Abschiedsbrief an Boddah vor, den imaginären Freund aus seiner Kindheit, den er im Alter von zwei Jahren erfunden hatte und von dem er später glaubte, es gäbe ihn wirklich, nachdem er das Echo seiner eigenen Stimme auf dem Cassettenrecorder seiner Tante Mari gehört hatte.

Wie sich herausstellte, hatte der Leichnam bereits seit zwei, drei Tagen dort gelegen, sodass sein Tod auf den 5. April datiert wurde. Neben ihm fand man seine Brieftasche und eine Zigarrenkiste voller Drogenutensilien und Stoff. Der Gerichtsmediziner Nikolas J. Hartshorne, der 1988 Nirvanas drittes Konzert in Seattle veranstaltet hatte, wies in seinem Blut Spuren von Valium und 1,52 Milligramm Heroin nach, dreimal so viel, wie selbst höhere Dosen gewöhnte Süchtige nicht vertragen würden.

Ein paar Tage zuvor hatte Kurt Cobain in Stan Bakers Sportgeschäft am Lake City Way von Seattle eine Remington M-11 und eine Schachtel Munition gekauft. Weil er befürchtete, sie würde von der Polizei konfisziert, wenn er seinen Namen angäbe, erwarb Dylan Carlson die Waffe für ihn. Carlson, mit dem Cobain seit 1986 befreundet war, fand es komisch, dass Kurt das Schrotgewehr so unmittelbar vor seinem Flug nach Los Angeles kaufte, wo er sich auf Drängen von Courtney Love einem Entzug im Exodus unterziehen wollte, und bot ihm an, sie bis zu seiner Rückkehr für ihn aufzubewahren, doch Kurt lehnte das ab.

Im Exodus telefonierte er mit Krist Novoselic und Michael Stipe von R.E.M., mit dem er ein musikalisches Projekt plante, sowie mit Courtney, der er Mut zusprach: „Egal, was passiert, du sollst wissen, dass du eine echt gute Platte gemacht hast." Kurt verbrachte jedoch nur zwei Tage in der Klinik. Am 1. April kletterte er um 19:25 Uhr über die zwei Meter hohe Mauer und flog zurück nach Seattle, wo er Michael „Cali" DeWitt traf, den Kurt und Courtney vor nicht allzu langer Zeit als Babysitter angeheuert hatten, und kurz mit ihm sprach. Courtney ließ währenddessen seine Kreditkarten sperren, damit er sich nicht neuen Stoff besorgen konnte, und fragte Freunde und Musiker, ob sie ihn gesehen hätten.

Drei Tage später meldete ihn seine Mutter als vermisst. Courtney engagierte den Privatdetektiv Tom Grant, weil er offensichtlich versucht hatte, mit den gesperrten Kreditkarten Geld abzuheben. Grant traf sich daraufhin am 7. April um 2:15 Uhr mit Dylan Carlson, und beide suchten in seinem Haus am Lake Washington nach ihm, sahen aber nicht im Gewächshaus über der Garage nach. Um 21:45 Uhr kehrten sie noch einmal zurück, fanden aber nur eine Mitteilung von Michael DeWitt an Kurt vor: „Ich kann es nicht glauben, dass du im Haus warst, ohne dass ich es gemerkt habe. Du bist ein verdammtes Arschloch, dass du dich nicht bei Courtney meldest."

Die Nachricht von seinem Tod war kaum durchgesickert, da ließ die David Geffen Company bereits Nirvana-Platten nachpressen. Kurts Mutter Wendy war entsetzt, weil er nun „diesem

Idiotenclub" beigetreten war, womit sie den Club 27 meinte, dem bereits Jimi Hendrix, Janis Joplin und Jim Morrison angehörten, die ebenfalls mit 27 Jahren gestorben waren. Und im Flag Pavilion vor der Space Needle wurde eine Trauerfeier abgehalten, an der 7000 Fans teilnahmen. Courtney Love ließ eine Cassette abspielen, auf der sie Auszüge aus seinem Abschiedsbrief vorlas und beschimpfte ihn traurig als Arschloch: „Warum bist du, verdammt noch mal, nicht geblieben?"

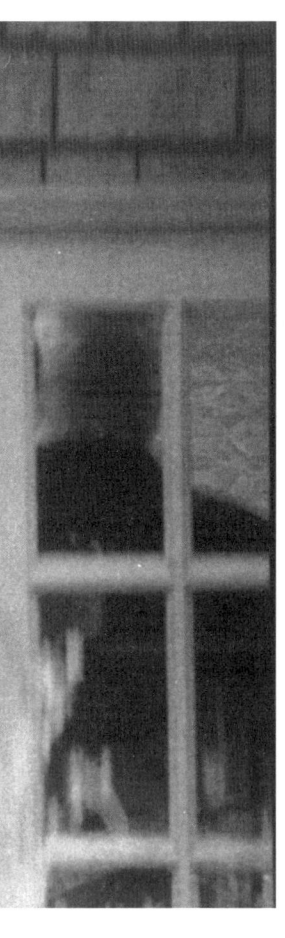

Den Grund hatte Kurt Cobain in dem Brief selbst genannt: „Seit zwei Jahren fühle ich schon keine Begeisterung mehr beim Musikhören oder -machen und habe kaum etwas geschrieben. Ich fühle mich unglaublich schuldig deswegen. Wenn auf der Bühne das Licht ausging und das Publikum zu toben begann, dann berührte mich das backstage nicht so wie zum Beispiel Freddie Mercury."

Am 14. April 1994 wurden Kurt Cobains Überreste im Bleitz Funeral Home eingeäschert. Auf dem Totenschein wurde sein Beruf als Dichter/Musiker angegeben und als Geschäftszweig Punkrock. Eine Handvoll seiner Asche begrub Courtney Love unter einer Weide vor dem Haus am Lake Washington, den Rest verstaute sie in einem Teddybär-Rucksack und verstreute sie in einem Buddhistenkloster in Ithaka im Staat New York.

In einem Interview für das *Hits*-Magazin war Kurt Cobain 1991 gefragt worden, ob er steinalt werden oder lieber jung sterben wolle. Es sei ziemlich egoistisch, neunzig Jahre alt zu werden, hatte er darauf geantwortet, „es sei denn, man hat wie William Burroughs wirklich etwas zu geben". Er fühle sich eher mit „den Morrisons, die am Abgrund tanzen" verbunden: „Die Leute halten das Leben für heilig und denken, es sei ihre einzige Chance; sie müssten etwas mit ihrem Leben anfangen und überall einen Eindruck hinterlassen, weil es so realistisch erscheint und die Bedrohung des Todes so intensiv ist. Für mich ist es nur ein kleiner Boxenstopp für das Leben danach, ein kleiner Test, wie gut man mit der Realität zurechtkommt."

Neil Youngs Marketingplan

Seitdem John Lennon 1980 von einem verwirrten Fan erschossen worden war, hatte keine Nachricht mehr die Musikszene so paralysiert wie die vom Selbstmord Kurt Cobains.

Nirvana hatten nur drei reguläre Alben aufgenommen, so wie James Dean nur drei Filme gedreht hatte, als er sich 1955 mit seinem Porsche um einen Baum wickelte. Und wie James Dean galt auch Kurt Cobain als der kommende Star, dessen große Zeit gerade erst angebrochen war. Was für ein verdammt guter Songwriter er war, erkannten viele, trotz des Megaerfolgs von „Smells Like Teen Spirit", erst, als Nirvana „unplugged in New York" auftraten.

In seinem Abschiedsbrief, der schon bald auf T-Shirts gedruckt wurde, hatte Cobain Neil Youngs Song „Hey Hey My My (Out Of The Blue Into The Black)" zitiert, um seinen Freitod zu begründen: „It's better to burn out than to fade away." Der Godfather of Grunge war tief besorgt gewesen, als man Cobain einen Monat vor seinem Selbstmord nach einer Überdosis Drinks und Drogen in ein römisches Krankenhaus eingeliefert hatte, und hatte versucht, ihn telefonisch zu erreichen – vergebens. Nun war er traurig und wütend zugleich ob der fatalen Missinterpretation seines Credos. Vorübergehend spielte er den Song nicht mehr live, und wenn doch, vermied er es pietätvoll, ihn umzudichten oder auch nur zu kommentieren. Neil Youngs Manager Elliot Roberts: „Neil ist der Ansicht, dass Cobain den Text falsch verstanden hat. Da geht es doch eher um die Frage, wie man als Rockmusiker überleben kann, und in diesem Zusammenhang sind die Zeilen ‚It's better to burn out than to fade away, 'cause once you're gone you can't come back' als Bekenntnis zum Älterwerden gemeint. Das Problem ist also der Hörer, nicht der Song."

Cobains Tod berührte Neil Young so tief, dass er ihm das Titelstück seines Albums *Sleeps With Angels* widmete. Um nicht den Anschein zu erwecken, er wolle an der Tragödie verdienen, weigerte er sich jedoch, in irgendeiner Form für dieses Album Reklame zu machen oder es auch nur zu kommentieren. „Neil wird nichts machen", verkündete sein Manager kategorisch, „das buchstabiert sich N-A-D-A!"

Als die CD in den Handel kam, veröffentliche Youngs Label Reprise Records im Branchenblatt *Billboard* eine ganzseitige Anzeige. Unter der Überschrift „Neil Young weigert sich, sein neues Album zu promoten" informierte Reprise, dass er keine Interviews gebe, sie keine Fotos von ihm an Zeitungen schicken dürfe und er auch nicht auf Tournee gehen wolle. Um das vom *Rolling Stone* mit fünf Sternen – der höchsten Auszeichnung – bewertete Album trotzdem bewerben zu können, schrieb das Art Department von Reprise Records deshalb einen hausinternen Wettbewerb aus. Gesucht wurde das „Best nonphoto of Neil Young". Das Siegerfoto, ein verschwommenes, fast schon psychedelisches Porträt (das auch auf der Rückseite des Booklets zu sehen ist), wurde ebenso abgedruckt wie der „Neil Young Marketing Plan", ein nahezu weißes Blatt Papier. Unterzeichnet war die Anzeige mit „Reprise Records. World Leader in Subtle Marketing".

POPULÄRER IRRTUM

Who killed Kurt Cobain?

Wenn Legenden sterben, kursieren unter Fans die wildesten Verschwörungstheorien. Nach dem Tod von Kurt Cobain sprossen Verschwörungstheorien wie Unkraut aus dem Boden. Für den Privatdetektiv Tom Grant schien der Fall klar zu sein.

Angeheuert von Courtney Love, um ihren aus der Entziehungsklinik Exodus Recovery Center in Marina del Rey verschwundenen Ehemann zu finden, fand er heraus, dass Cobain Nirvana auflösen und sich von Love scheiden lassen wollte. Angeblich hatte er sich sogar bereits mit der Anwältin Rosemary Carroll getroffen und ihr eröffnet, er wolle Courtney aus seinem Testament streichen.

Die Aussage eines Mannes, der sich El Duce nannte, stützte Grants These, Love habe ihren Mann ermorden lassen. Der Sänger der Porno-Metal-Band The Mentors wollte von ihr gebeten worden sein, Cobain für 50.000 Dollar „die Birne wegzublasen". El Duce zufolge wollte Cobain sich von ihr scheiden lassen, weil sie ihn ständig betrog: „Sie ließ ihn umlegen, damit sie die Kohle behalten konnte." Karush Sepedjian, Manager des Plattenladens Rock Shop in Hollywood, vor dessen Tür Courtney Love El Duce für den Mord an Kurt Cobain engagiert habe, bestätigte später die Version seines Kumpels und vermutete: „Sie muss jemand anderes gefunden haben, der den Job für sie erledigte."

Davon überzeugt, dass Courtney Love irgendetwas mit Cobains Tod zu tun hat, war auch Hank Harrison, Courtneys Vater: „Ich glaube, dass man ihn betäubt und umgelegt hat. Ich glaube nicht unbedingt, dass das Leute waren, die von Courtney gesteuert wurden. Aber auch wenn sie keinen direkten Einfluss auf den Mord hatte, so wusste sie doch zumindest davon und hielt ihre Klappe." Harrison hielt seine Tochter für eine „mehrfach gespaltene Persönlichkeit", die „extrem böse und wirklich krank" sei und bereits zweimal versucht habe, ihn umzubringen. Love wiederum hatte Harrison zuvor wiederholt als Rabenvater und

Parasiten bezeichnet, der seine alten Kontakte zu den Grateful Dead, bei denen er einst Roadie war, in zwei Büchern ausgeschlachtet habe.

Auf die Aussagen von Grant, El Duce und Harrison stützte sich auch der britische Filmemacher Nick Broomfield in seinem Doku-Drama *Kurt And Courtney*, in dem er ungeklärten Fragen nachging: Wieso engagierte Love erst einen Privatdetektiv, um ihren Mann aufzutreiben, und interessierte sich dann nicht für dessen Ermittlungen? Und warum gab es keine brauchbaren Fingerabdrücke auf dem Gewehr, mit dem sich Cobain angeblich selbst erschossen hatte?

Dass Courtney Love mit allen ihr zur Verfügung stehenden Mitteln versuchte, den Film zu verhindern, und El Duce noch während der Dreharbeiten von einem Zug überrollt wurde, schien die Verschwörungstheorie nur zu untermauern.

Dem Kult um den toten Sänger tat all das jedoch keinen Abbruch, und Courtney Love wurde immer wieder mit Yoko Ono verglichen, der sie mit dem Hole-Song „20 Years In The Dakota" Respekt erwies. Darin bewunderte Love, mit wie viel Würde Yoko stets auf all die Vorwürfe reagiert hatte, sie habe die beste Band der Welt zerstört, ihren Mann musikalisch kastriert und sei auch noch dafür verantwortlich gewesen, dass John Lennon vor jenem Dakota Building erschossen wurde, in dem sie sich seit 20 Jahren vor der Welt verstecken müsse. Wie groß das Unrecht sei, das man Yoko Ono antue, verdeutliche am besten ein Verb, das im Amerikanischen benutzt würde, wenn ein Mädchen so viel Zeit mit ihrem Freund verbringe, dass er darüber seine Band oder die Schulaufgaben vergesse: to yoko someone.

Das Grunge-Lexikon

Dem Produzenten Jack Endino zufolge war Grunge entstanden, weil in Seattle mehrere Dinge zusammenkamen: „Gute Bands, gute Vermarktungsstrategien von Indie-Labels und Medien, ein starker Zusammenhalt und dazu Leute, die gute Platten machten oder gute Fotos schossen und alle für sehr wenig Geld arbeiteten."

Es sei einfach die richtige Zeit dafür gewesen: „Kommerzielle Rockmusik war so lächerlich und vorhersehbar geworden." Das Nachrichtenmagazin *Newsweek* definierte Grunge als „das, was entsteht, wenn Kinder aus zerstörten Familien Gitarren in die Hand bekommen". Und für die Frauenzeitschrift *Marie Claire* war Grunge „ein modisches Codewort für Raserei als Lebensstil und aggressive Verzweiflung als Grundstimmung".

Sub Pop umschrieb beim Erscheinen der Green-River-EP *Dry As A Bone* den Sound des Labels, der sich durch „dreckigen Gesang" und „röhrende Marshall-Verstärker" auszeichnete, denn auch als „ultra-lockeren Grunge, der die Moral einer ganzen Generation zerstörte". „Erst als Leute außerhalb von Seattle es benutzten", so Dawn Anderson, die für das in Seattle erscheinende Musikmagazin *The Rocket* schrieb, wurde der Begriff jedoch „zum abgedroschenen Witz".

Erstmals benutzt hatte diesen Begriff der legendäre Rockkritiker Lester Bangs in einem Artikel im *Rolling Stone* vom April 1972. Damals hatte Bangs die Musik der Groundhogs als „guten, harten Grunge von der Stange" bezeichnet. Der Mudhoney-Gitarrist Steve Turner behauptete allerdings, dass dieser Begriff schon früher verwendet worden sei, auf der Rückseite eines Albumcovers des Rockabilly-Pioniers Johnny Burnett und auch in Verbindung mit Link Wray.

Ein ganzes Grunge-Lexikon entstand sogar, nachdem die Empfangsdame von Sub Pop, Megan Jasper, den Szene-Sprech definiert hatte: „Swinging on the flippety-flop" bedeutete „am Telefon mit jemandem sprechen", „bound-and-hagged" übers Wochenende zuhause zu bleiben, ein „lamestain" war ein uncooler Typ, als „wack slacks" wurden alte, zerrissene Jeans bezeichnet, mit „harsh realm" war eine Enttäuschung gemeint, „big blag of rotation" stand für betrunken und von „k-ching", dem Geräusch einer aufgehenden Registrierkasse, sprach man, wenn wieder mal jemand bei einem Major-Label unterschrieben hatte.

Der Tag der toten Ente

Grunge sei Dank wurde Seattle von Film- und TV-Produzenten als Drehort entdeckt.

Cameron Crowe galt als Wunderkind des Musikjournalismus, weil er bereits als 15-Jähriger für den *Rolling Stone* geschrieben und 1989 in Los Angeles und Seattle den Film *Teen Lover* gedreht hatte. Als er anfragte, ob er einen Song von Nirvana für seinen neuen Film *Singles* verwenden dürfe, der vor dem Hintergrund der Grunge-Szene spielte, lehnte Kurt Cobain eine Freigabe jedoch ab, weil er nicht mit all den anderen Seattle-Bands in einen Topf geworfen werden wollte. Statt Nirvana waren auf dem Soundtrack somit Mudhoney, Chris Cornell und die Smashing Pumpkins zu hören. Der Song „Would?" von Alice in Chains, die im Film ebenso wie Soundgarden und Tad Kurzauftritte hatten, wurde sogar 1993 für den MTV Movie Award nominiert. Und Pearl Jam spielten in dem oberflächlichen Episodenfilm die Film-Band Citizen Dick, deren Sänger, der Schauspieler Matt Dillon, sich als komplette Fehlbesetzung erwies.

In der romantischen Komödie *Schlaflos in Seattle* verkuppelt ein Achtjähriger wiederum nach dem Tod seiner Mutter eine Redakteurin (Meg Ryan) mit seinem Vater (Tom Hanks). Und *Frasier*, die Fortsetzung der in Boston spielenden Sitcom *Cheers*, wurde ebenfalls in Seattle aufgezeichnet.

Auch die Verfilmung von Nick Hornbys Roman *About A Boy*, dessen Titel sich an den Nirvana-Song „About A Girl" anlehnt, musste ohne Musik von Nirvana auskommen. Dabei erklärt darin ein Londoner Hipster (Hugh Grant), der dank eines populären Weihnachtsliedes, das sein Vater einst komponiert hat, nicht arbeiten muss, dem Sohn einer selbstmordgefährdeten Mutter, wie man so cool wird wie Kurt Cobain. In Deutschland ging der Bezug von *About A Boy* zu Nirvana allerdings verloren. Hier lief er unter dem Titel *Der Tag der toten Ente* im Kino.

From the producers of *Meet The Parents* and the makers of *Notting Hill* and *Bridget Jones's Diary*

hugh grant

rachel weisz   toni collette

about a boy

Growing up has nothing to do with age.

www.aboutaboy.com

POPULÄRER IRRTUM

Gitarren von der Stange

Kurts Mutter Wendy hatte nach einem Streit mit ihrem zweiten Mann alle Waffen, die sich in ihrem Haus befanden, in den Wishkah River geworfen, aus Angst, sie würde ihn damit umbringen. Kurt fischte sie aber wieder heraus, verkaufte sie und investierte das Geld angeblich in eine Gitarre. In Wahrheit, so der Nirvana-Biograf Everett True, kaufte Kurt Cobain sich von dem Erlös jedoch einen Verstärker.

Zu seinem 14. Geburtstag hatte ihm sein Onkel Chuck eine gebrauchte japanische Lindell geschenkt. Nachdem er seine Tante Mari gefragt hatte, ob er die Saiten in alphabetischer Reihenfolge aufziehen müsse, trug er sie überall stolz mit sich herum.

Warren Mason, ein Bandkollege seines Onkels, gab ihm Gitarrenunterricht und sorgte auch dafür, dass er eine ordentliche Gitarre erhielt: eine Ibanez, die 125 Dollar kostete. Einer der ersten Songs, den er lernte, war „Stairway To Heaven" von Led Zeppelin, ein Rock-Klassiker, dessen Riff zwei Jahrzehnte lang von jedem Nachwuchsgitarristen geübt wurde – bis es Anfang der 1990er Jahre vorübergehend durch das Riff von „Smells Like Teen Spirit" ersetzt wurde.

Wie Jimi Hendrix schrieb Kurt Cobain zwar mit rechts, spielte aber mit links Gitarre. Er war jedoch einer der wenigen Leadgitarristen, die eine Linkshänder-Gitarre mit einer normalen Saitenbespannung spielten, im Gegensatz zu Duane Allman oder David Bowie, die ebenfalls Linkshänder waren, aber trotzdem wie Rechtshänder Gitarre spielten. Gute Gitarren für Linkshänder gab es jedoch nur selten, weshalb er 1993 gemeinsam mit Larry Brooks für Fender eine Kreuzung aus einer Jaguar- und einer Mustang-Gitarre entwarf, die Jag-Stang. Einen Prototyp dieser Gitarre spielte er auf der letzten Europa-Tournee von Nirvana.

Den Entwurf für die Jag-Stang hatte er mithilfe von Polaroid-Fotos erstellt, und er sah seinem Gitarrentechniker Earnie Bai-

ley zufolge aus wie eine Hausaufgabe aus dem Werkunterricht: „Er hat buchstäblich ein Foto einer Jaguar und einer Mustang in der Hälfte durchgeschnitten und dann zusammengeklebt, und dieses Modell wurde dann, etwas nachgebessert, tatsächlich gebaut."

Zuvor hatte Kurt Cobain sich Gitarren anfertigen lassen, deren Hals speziell gefertigt und deren Korpus extra ausgeschnitten war. „Er hatte drei handgefertigte Gitarren", berichtete Chad Channing, „die mit Sprühfarbe verschieden lackiert waren, beispielsweise in Hellblau. Wenn er eine davon bei einem Konzert zerschlagen hatte, wurde einfach ihr Innenleben ausgebaut und in den nächsten Korpus gesteckt".

Zu Beginn seiner Karriere hatte Kurt Cobain immer nur eine Gitarre besessen und trotzdem nie gezögert, sie zu zerschlagen. Damit imitierte er Pete Townshend von The Who, der erstmals 1964 seine Gitarre bei einem Konzert in Stücke gehauen hatte – woraufhin der Who-Drummer Keith Moon sein Schlagzeug umgestoßen hatte, was Dave Grohl ihm später begeistert nachtat.

In den beiden Jahren vor seinem Tod hatte Kurt Cobain auf Tournee immer eine ganze Sammlung von Gitarren dabei, doch man wusste nie, welche er auf der Bühne zerschlagen würde. Earnie Bailey nahm an, dass die japanischen Mustangs garantiert als erste draufgehen würden, weshalb er ein paar simple Modifizierungen an ihnen vornahm, um sie zumindest für den einen Song, für den Kurt sie vor dem Kaputtschlagen einsetzen würde, tauglich zu machen. Ausgerechnet die Mustangs spielte er dann aber am häufigsten. Allerdings zerschlug Cobain auch „keine seltenen Gitarren, die schon vier Jahrzehnte überdauert hatten, sondern diese neuen Dinger von der Stange".

Als eines Abends im kalifornischen Inglewood der für sein schnelles Gitarrenwichsen bekannte Eddie Van Halen reichlich angeheitert auftauchte und sogar vor Kurt Cobain und Krist Novoselic niederkniete, weil er unbedingt bei der Zugabe mit ihnen jammen wollte, griff Kurt jedoch zu einer Notlüge: „Wir haben nicht genug Gitarren dabei."

Ein verschwendetes Talent

Nicht nur als Musiker, auch als Künstler war Kurt Cobain auf der Suche nach sich selbst.

In seiner Kindheit glaubte Kurt Cobain, ein Außerirdischer zu sein, den man auf der Erde ausgesetzt hatte. Wenn er abends im Bett lag und den Himmel betrachtete, unterhielt er sich mit seinen „richtigen" Alien-Eltern und war davon überzeugt, dass seine Mutter Wendy und sein Vater Don ihn adoptiert hatten. Eines Tages, sagte er sich, würde er schon herausfinden, weshalb er eigentlich auf der Welt war.

Jahre später schrieb er über diese Kindheitsfantasie den Song „Territorial Pissings", der mit den Worten beginnt: „Als ich ein Außerirdischer war …" Viele Kreaturen, die er malte oder zeichnete, ähnelten den außerirdischen Wesen, die in Büchern über Begegnungen mit Aliens abgebildet waren.

Auf seiner Suche nach sich selbst durchstöberte er Trödelläden nach alten medizinischen Büchern, deren Illustrationen er für Anatomie-Bildcollagen verwendete. Kurt sammelte trommelnde Spielzeug-Äffchen, herzförmige Schachteln, Porzellanpuppen, die er grell bemalte, Visible-Man- und Action-Figuren, Viewmaster-Dias, Cocktaillöffel aus Plastik, Brettspiele aus den 1960er Jahren und allen möglichen Krimskrams, sodass seine jeweilige Behausung schon bald einem obskuren Museum kitschiger amerikanischer Trash-Kultur glich.

Als er seine Verlagsrechte an Virgin Publishing vergeben hatte, haute er ein Drittel des Vorschusses, eintausend Dollar, im Spielzugladen Toys "R" Us auf den Kopf und erwarb eine Nintendo-Konsole, zwei Videokameras, Luftgewehre, Evel-Knievel-Action-Figuren, Hundehaufen und Kotze aus Plastik, abgehackte Gummihände und ein Kinderfahrrad, auf dem ihm die Knie bis zu den Schultern reichten, als er damit herumfuhr, bis es dunkel wurde.

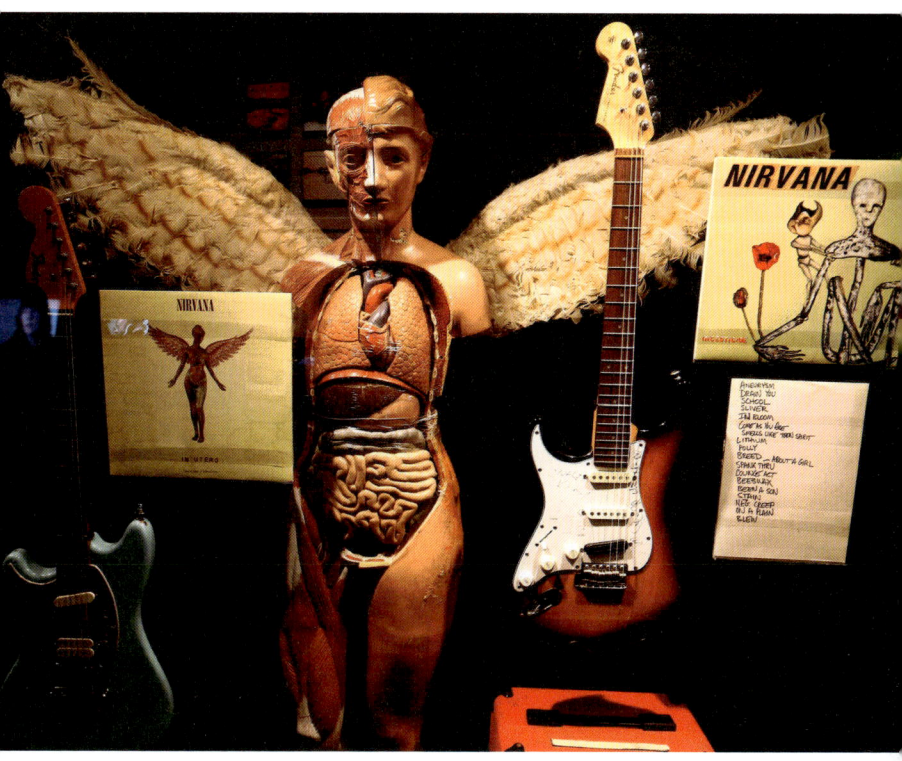

Wenn er mal wieder pleite war, nutzte er aber die Rückseiten von Brettspielen als Leinwand und klaute in Geschäften Malutensilien – jedoch nie auf Vorrat, sondern immer nur das, was ihm ausgegangen war.

Er hatte eine seltsam anmutende Obsession für Fotos von Vaginalerkrankungen und fand so ziemlich alles schön, was eklig und billig aussah. Auf Friedhöfen stahl er Marienbilder, die er für Collagen verwendete. Und egal, mit wem er zusammenwohnte, die Wände und sogar der Kühlschrank waren schon bald mit Zeitungsausschnitten, Plakaten, auf denen er Paul McCartney einen Afro und eine Brille angemalt hatte, oder eigenen Cartoons beklebt. Kurt Cobain breitete sich künstlerisch aus, ohne darüber nachzudenken, und entwickelte zusehends eine Vorliebe für verstörende, morbide Traumwelten, die er aus Werbeprospekten von Supermärkten, Ramsch und den Überresten der amerikanischen Kultur erschuf.

Zwar dachte er mal daran, eine Galerie zu eröffnen, die ausschließlich seine Werke ausstellen sollte, eine Karriere als bildender Künstler strebte er jedoch nie konsequent an. Da prahlte er lieber gegenüber Journalisten damit, dass man ihm ein Kunststipendium angeboten hatte. Was schon allein deshalb nicht stimmen konnte, weil seine Schulnoten viel zu schlecht gewesen waren.

In seinen Behausungen hielt er Schildkröten, Ratten, Katzen und Kaninchen, denen er amüsiert zusah, wenn sie miteinander fickten. Und weil er es mit Hygiene nicht so hatte – er trug oft Klamotten, die er lange Zeit nicht wechselte, und putzte sich nur selten die Zähne –, müffelte seine „Farm der Tiere" meistens so sehr, dass Mitbewohner oder Besucher sich wie in einem Zoo vorkamen.

Von seiner Großmutter hatte er gelernt, Norman-Rockwell-Motive in Pilze zu ritzen. Den Tourbus der Melvins bemalte er mit dem Logo von Black Flag und einem Kiss-Porträt. Und die Plakate und Flyer, die er für Konzerte von Nirvana entwarf, waren nicht nur bloße Ankündigungen, sondern oft schockierende Collagen, die das Krankhafte der Gesellschaft und ihren Untergang widerspiegelten.

Acryl-Gemälde „veredelte" er bisweilen mit seinem Sperma, worüber er gerne lächelnd und ungefragt Auskunft gab. Und in seinem Haus am Lake Washington in Seattle stellte er in einer Ecke eine lebensgroße Wachsfigur der mutmaßlichen, aber freigesprochenen Mörderin Lizzie Borden auf, die aus dem Fenster starrte und potenzielle Eindringlinge abschrecken sollte. Vor ihm selbst hat sie ihn allerdings nicht bewahrt. Und den Grund, warum er überhaupt auf dieser Welt war, hat er auch nie herausgefunden.

AHA!

The Space Witch

Kurt und Courtneys Tochter Frances Bean Cobain wurde nicht nach der Schauspielerin Frances Farmer benannt, sondern nach der Sängerin der schottischen Band The Vaselines, Frances McKee; den zweiten Vornamen Bean hatten ihre Eltern ihr gegeben, weil sie auf dem ersten Ultraschallbild, das auf dem Cover der Nirvana-Single „Lithium" abgebildet wurde, wie eine Kidney-Bohne ausgesehen habe.

Die Patenschaft für sie übernahmen Michael Stipe von R.E.M. und die Schauspielerin Drew Barrymore. Zum letzten Mal sah Frances Bean ihren Vater am 1. April 1994 im Exodus Recovery Center in Marina del Rey, wo Kurt Cobain sich wegen seiner Sucht behandeln ließ.

Frances Bean wurde nach Kurts Tod zunächst in die Obhut von Courtneys Halbschwester Jamie Rodriguez übergeben und, nachdem Courtney Love wieder das Sorgerecht zugesprochen war, von ihrer Mutter, ihren Tanten und ihrer Großmutter väterlicherseits in Seattle und Los Angeles aufgezogen. Nachdem Courtney im Oktober 2003 wegen Drogenmissbrauchs verhaftet wurde, übergab man Frances in die Obhut ihrer Großmutter; zwei Jahre später erhielt Courtney Love aber das Sorgerecht für ihre Tochter zurück.

Frances Bean studierte am Bard College im US-Bundesstaat New York Kunst.

2006 wurde sie in der englischen Ausgabe der Frauenzeitschrift *Elle* für eine Story über die Kinder von Rockstars fotografiert. Sie ließ sich im braunen Cardigan und der Schlafanzughose Kurt Cobains ablichten, die sie ausgewählt hatte, weil ihr Vater sie bei der Hochzeit mit ihrer Mutter getragen hatte. Zwei Jahre später posierte sie im Stil der ehemaligen argentinischen First Lady Eva „Evita" Perón für die Modezeitschrift *Harper's Bazaar*, 2011 für eine Fotoserie von Hedi Slimane, dem Kreativ-

direktor des Kosmetikkonzerns Dior, und 2017 wurde sie das Gesicht einer Werbekampagne für die Sommerkollektion des Designers Marc Jacobs.

Nachdem sie 2008 ein Praktikum beim *Rolling Stone* absolviert hatte, stellte sie 2010 unter dem Pseudonym Fiddle Tim eigene Bilder in der Galerie La Luz de Jesus in Los Angeles aus, die sie *Scumfuck* nannte. Unter ihrem Klarnamen coverte sie einen Song von The Jesus and Mary Chain für *MiXTAPE*, einen eklektischen Mix von Songs, den man auf iTunes runterladen konnte.

Das Angebot, in Tim Burtons Film *Alice in Wonderland* die Hauptrolle zu spielen, lehnte sie allerdings ab. Stattdessen wirkte sie als Executive Producer an Brett Morgens Film über ihren Vater, *Montage of Heck*, mit und als Gast-Jurorin in der vierten Staffel von *RuPaul's Drag Race All Stars*.

Courtney Love wurde 2009 jeglicher direkter und indirekter Kontakt zu ihrer Tochter untersagt, im Jahr darauf erbte Frances Bean Cobain 37 Prozent des Nachlasses ihres Vaters, der 2014 auf 450 Millionen Dollar geschätzt wurde.

Eigenen Aussagen zufolge ist sie kein Grunge-Fan, sondern zieht Bands wie Oasis, The Brian Jonestown Massacre oder Mercury Rev vor; allerdings mag sie auch die Nirvana-Songs „Territorial Pissings" und „Dumb".

Von ihrem ersten Mann Isaiah Silva, dem Sänger und Gitarristen der US-Rockband The Eeries, wurde sie 2017 geschieden. Seit 2021 ist sie mit Riley Hawk liiert, dem Sohn der Skateboard-Legende Tony Hawk.

Obwohl sie sich an ihren Vater nicht mehr erinnern kann, weil sie bei dessen Tod nicht mal zwei Jahre alt war, zitiert sie oft dessen Worte aus seinem Abschiedsbrief: „Love, peace, empathy" – weil ihr „die Sache mit dem Frieden, der Liebe, dem Mitgefühl" so wichtig ist. An ihrem 30. Geburtstag postete sie deshalb auch auf Instagram (wo sie einen Account unter dem Namen „The Space Witch" führt), nachdem sie 2018 mitgeteilt hatte, wieder clean zu sein: „30!!! Ich habe es geschafft!"

Who's who (in der Welt des Grunge)?

AFGHAN WHIGS

Die ersten Platten der aus San Diego stammenden Band erschienen auf Sub Pop, weshalb sie dem Grunge zugeordnet wurde, obwohl sie Alternative Rock mit Soul verband. Herausragend: ihre Cover-Version von Diana Ross' Motown-Hit „My World Is Empty Without You".

STEVE ALBINI

Der Gründer der Hardcore-Punk-Band Big Black produzierte nicht nur Nirvanas Album *In Utero*, sondern auch Platten von PJ Harvey, The Auteurs sowie Bush und wirkte als Toningenieur und Produzent an ca. 1500 Indie-Alben mit. Der passionierte Pokerspieler gewann auch zwei Turniere der World Series of Poker, der Weltmeisterschaft im Pokern.

ALICE IN CHAINS

Die Mitglieder der 1987 gegründeten Band hatten eine Metal- und Glamrock-Vergangenheit und veröffentlichten ihre Platten auch nicht zunächst auf Sub Pop, sondern gleich bei einer Major Company. Drei Jahre nach dem Tod ihres Sängers Layne Staley traten Alice In Chains erstmals wieder bei einer von Krist Novoselic moderierten Benefiz-Show zugunsten der Opfer auf, die beim Tsunami in Südostasien Ende 2004 ums Leben gekommen waren. 2011 starb auch ihr Ex-Bassist Mike Starr an einer Überdosis Heroin.

BABES IN TOYLAND

Auf das 1988 von der Sängerin und Gitarristin Kat Bjelland gegründete Frauen-Trio wurden Sonic Youth aufmerksam, nachdem eine erste Single der Babes auf Sub Pop erschienen war. Ihr Gitarrist Lee Ranaldo produzierte das zweite Album der in Olympia beheimateten Mädchen-Band, die 1997 wieder von der Bildfläche verschwand.

BIKINI KILL

Die 1990 in Olympia gegründete Riot-Grrrl-Band lehnte Deals mit Major Companys strikt ab und verweigerte sich auch den Mainstream-Musikmedien, bevor sie sich sieben Jahre später vorübergehend auflöste. Neben der Schlagzeugerin Tobi Vail, die kurzzeitig mit Kurt Cobain liiert war, gehörte ihr auch die Sängerin Kathleen Hannah an, die Courtney Love wegen Körperverletzung verklagte, woraufhin diese zu einer Bewährungsstrafe verurteilt wurde und einen Kurs belegen musste: „Wie gehe ich mit meinen Aggressionen um?" Bikini Kill sind auch das Vorbild der russischen Gruppe Pussy Riot.

JACK ENDINO

Mit seiner Band Skin Yard nahm Jack Endino fünf Alben auf, richtig bekannt wurde er aber als Produzent von Nirvana, Soundgarden, Mudhoney, Green River, Tad, Screaming Trees und anderen Grunge-Bands, deren Sound er auf das nächste Level hob. Endino war es auch, der Nirvana Sub Pop Records empfahl, nachdem er ihr „Dale Demo" aufgenommen hatte und ihm Cobains „fantastische Stimme" aufgefallen war.

GLITTERHOUSE RECORDS

Nachdem er über die ersten Platten von Green River und Soundgarden gestolpert war, besuchte Reinhard Holstein, der Gründer des in Beverungen beheimateten Labels Glitterhouse Records, die Kollegen von Sub Pop Records in Seattle und begann, ihre Platten in Deutschland zu vertreiben. Als der Grunge-Boom „schon fast durch" war, gründete er gemeinsam mit Bruce Pavitt und Jonathan Poneman Sub Pop Europe. Nachdem Anteile von Sub Pop Records an Warner Bros. verkauft wurden, konnte sich Holstein wieder ganz auf sein eigenes Label konzentrieren, das 2018 vom Indigo-Vertrieb als Mehrheitsgesellschafter übernommen wurde.

GREEN RIVER

Die 1984 gegründete und nach einem Serienmörder, dem Green River Killer, benannte Band gilt als Erfinder des Grunge Rock. Green River waren die Ersten, die von Sub Pop Records unter Vertrag genommen wurden, lösten sich im selben Jahr, 1988, aber auf; aus ihnen gingen Mudhoney, Mother Love Bone und Pearl Jam hervor. Live bombardierten sie ihre Fans manchmal mit Marmelade und Fischen.

HOLE

Als Eric Erlandson per Anzeige im *Recycler* Leute suchte, die auf Big Black, The Stooges, Abba und Fleetwood Mac stehen, meldete sich Courtney Love und gründete mit ihm Hole. Kim Gordon von Sonic Youth produzierte ihr Debütalbum *Pretty On The Inside*, und anfangs verkaufte die Band sogar mehr Platten als Nirvana.

Courtney Love hatte ihren Lebensunterhalt als Stripperin verdient, bevor sie in einer frühen Besetzung von Faith No More sang, in Alan Cox' Western-Parodie *Straight To Hell* die weibliche Hauptrolle spielte und mit „Falling James" Moreland verheiratet war, dem Sänger der L.A.-Punkband The Leaving Trains, in deren Vorprogramm auch Nirvana einmal auftraten.

K RECORDS

Die Mitglieder der 1982 in Olympia gegründeten Band Beat Happening wechselten sich an der Gitarre, am Schlagzeug und mit dem Gesang ab und produzierten ihre Platten für das Indie-Label K Records ihres Bandmitglieds Calvin Johnson, das auch frühe Aufnahmen von Beck und Modest Mouse veröffentlichte. Johnson moderierte zudem eine Radiosendung des Studentensenders KAOS-FM.

KILL ROCK STARS

Zu dem ebenfalls in Olympia ansässigen Indie-Label wechselten Riot-Grrrl-Bands wie Bikini Kill oder Sleater-Kinney weniger aus finanziellen Gründen als wegen ästhetischer Präferenzen. Neben Wiederveröffentlichungen früher Punk-Bands wie Kleenex, Liliput oder Essential Logic produzierte Kill Rock Stars auch Spoken-Word-Platten von Kathy Acker und Alben von Comedians. 2019 übernahm der Label-Gründer Slim Moore, der einst Kurt Cobain mit dem Werk des Bluesmusikers Leadbelly vertraut gemacht hatte und 2006 ausgeschieden war, um als A&R-Manager für das Warner-Label Nonesuch Records zu arbeiten, erneut die Geschäftsführung und künstlerische Leitung.

MARK LANEGAN

Mithilfe von Kurt Cobain und Krist Novoselic nahm Lanegan Leadbellys „Where Did You Sleep Last Night?" auf, einen Song, den Nirvana später häufig spielten. Ursprünglich sollte er von ihrem Nebenprojekt The Jury veröffentlicht werden, als daraus nichts wurde, landete er 1990 auf Lanegans Solo-LP *The Winding Sheet*. Courtney Love motivierte ihn Ende der 1990er zum Heroin-Entzug. Während er immer mal wieder mit den Queens of the Stone Age auftrat, nahm er mit Isobel Campbell (Ex-Belle and Sebastian) drei Platten mit Duetten im Stil von Nancy Sinatra und Lee Hazlewood auf. Seine Autobiografie *Alles Dunkel dieser Welt* erschien 2021 im Heyne Verlag. Nach einer Corona-Infektion lag er eine Weile im Koma und verlor sein Gehör – und schrieb ein Buch darüber: *Devil in a Coma*. Lanegan starb am 22. Februar 2022 in seiner Wahlheimat Irland.

MELVINS

Die von Black Flag beeinflussten Melvins spielten anfangs schneller, als Kurt Cobain das für möglich gehalten hatte. Ihr Sänger Buzz Osbourne ging ebenso wie Kurt auf die Montesano High School, ihr aus Aberdeen stammender Schlagzeuger Dale Crover half des Öfteren bei Nirvana aus, sowohl im Studio als auch live, und mit ihrem Bassisten Matt Lukin teilte sich Kurt Cobain vorübergehend die Wohnung. Zu Beginn ihrer Karriere waren die Melvins meistens mit einem getigerten Transporter unterwegs, der ihrem Roadie gehörte – Krist Novoselic. Ihr einziges Album, das bei einem Major- und nicht bei einem In-

die-Label erschien, *Houdini*, wurde von Kurt Cobain produziert, der bekannte: „Bevor ich die Melvins traf, war mein Leben ziemlich langweilig. Dann tat sich plötzlich eine ganz neue Welt vor mir auf. Ich fing an, mich für Musik zu interessieren, ging auf Konzerte und machte all die Dinge, die ich schon auf der Highschool hatte tun wollen."

MOTHER LOVE BONE

Nachdem ihr Sänger Andrew Wood, der mit 14 die Glamrock-Band Malfunkshun gegründet und mit Chris Cornell von Soundgarden zusammengewohnt hatte, 1990 an einer Überdosis Heroin gestorben war, gingen gleich zwei Bands aus ihnen hervor: Pearl Jam und Temple of the Dogs.

MUDHONEY

Nach einem Film von Russ Meyer benannt und an Halloween 1987 gegründet, klang die aus Seattle stammende Band, „als ob sich Motörhead und Spacemen 3, Blue Cheer und Iggy auf dem Rückweg von einem Konzert der MC5" getroffen hätten (Everett True). Ihr Song „Touch Me I'm Sick" inspirierte Courtney Love, ebenfalls eine Band zu gründen – Hole. „Wenn man so will", so ihr Sänger Mark

Arm, der heute das Lager von Sub Pop Records leitet, „haben wir Grunge schon 1983 erfunden."

PEARL JAM

Das Debütalbum *Ten* der Band um den in San Diego aufgewachsenen Sänger Eddie Vedder erschien einen Monat vor *Nevermind* und verkaufte sich zunächst sehr mäßig. Nachdem MTV ein Live-Video der Band im Januar 1992 in die Heavy Rotation aufnahm, entwickelte es sich jedoch zu einem Renner, an dem niemand mehr vorbeikam. Pearl Jam hielten mit ihren politisch korrekten Ansichten nie hinterm Berg und gaben zahlreiche Benefizkonzerte, was Vedder jedoch nicht davon abhielt, sich mit dem George-Bush-Fan Johnny Ramone anzufreunden. 2008 unterstützten Pearl Jam Barack Obama bei der Wahl zum US-Präsidenten.

CHARLES PETERSON

Der Haus- und Hoffotograf der Grunge-Szene war mit Mark Arm befreundet, wurde mit Aufnahmen für den Sub Pop Singles Club eingedeckt und fotografierte allein Nirvana zwölfmal. Mit *Screaming Life* veröffentlichte er 1995 eine Chronik der Musikszene von Seattle und zusammen mit Lance Mercer 1999 *Place/Date*, ein Buch über die Europatournee 1996 von Pearl Jam.

SCREAMING TREES

Der 1985 von Mark Lanegan gegründeten Band gehörte auch der Gitarrist Gary Lee Conner an, der unter dem Namen The Butcher parallel Karriere als Wrestler machte. Vom *New Musical Express* wurden der Hungerhaken Lanegan und die Gebrüder Conner, die an Sumo-Ringer erinnerten, als „Bad Boys mit Bierbäuchen" bezeichnet, bevor Lanegan ein paar Soloalben aufnahm und bei den Queens of the Stone Age einstieg.

SONIC YOUTH

Ihre Bassistin Kim Gordon vermittelte Nirvana nicht nur einen Plattenvertrag, 1990 verpflichteten die „Elder Statesmen" des Noiserock das Trio auch für ihre Westcoast-Tour und im Jahr darauf nahmen sie Nirvana mit auf Europatournee. Kim Gordon mischte sich bei den Auftritten ihrer Vorgruppe oft unter das Publikum und tanzte „wie eine Verrückte". Live-Aufnahmen beider Bands enthält Dave Markeys Film *1991: The Year Punk Broke*.

SOUNDGARDEN

Die nach einer Klangskulptur auf dem Gelände des Campus der National Oceanic and Atmospheric Administration benannte Band setzte mit dem Song „Sub Pop Rock City" ihrem Label ein musikalisches Denkmal, wurde aber schnell zu groß und wechselte als erste Gruppe zu einer Major Company über. Ihr Sänger Chris Cornell gründete später mit Tom Morello von Rage Against The Machine die Band Audioslave, kehrte 2010 aber zu Soundgarden zurück, als die sich reformierten – und beging 2017 Selbstmord.

SUB POP RECORDS

Siehe Kapitel „Der Sub Pop Singles Club", S. 24.

TAD

Mit ihrem ruppigen, gnadenlosen Hardrock und ihrer Faszination für Serienmörder stand die Band des schwergewichtigen Metzgers Thomas A. Doyle (= TAD) für die harte Seite des Grunge. Nach Tourneen mit Nirvana und Soundgarden lösten Tad sich aber 1997 auf.

TEMPLE OF THE DOG

Nebenprojekt von Chris Cornell und Matt Cameron (beide Soundgarden), Eddie Vedder und Mike McCready (beide Pearl Jam), Stone Gossard und Steve Ament (beide ex-Green River).

BUTCH VIG

Der Schlagzeuger von Garbage (größter Hit: „Queer") produzierte Nirvanas Erfolgsalbum *Nevermind*, die ersten beiden Alben der Smashing Pumpkins und Platten von Sonic Youth, Helmet, Soul Asylum, Green Day und den Foo Fighters.

NEIL YOUNG

Kurt Cobain zitierte den Godfather of Grunge in seinem Abschiedsbrief: „It's better to burn out than to fade away." Neil Young widmete ihm daraufhin den Song „Sleeps With Angels" und nahm zusammen mit Pearl Jam das Album *Mirror Ball* auf. Young hatte vergeblich versucht, Kurt Cobain zu kontaktieren, bevor der Selbstmord verübte.

Bassist auf Abwegen

Zehn Jahre nach dem Tod Kurt Cobains wollte Krist Novoselic in die Politik einsteigen und für das Amt des Vize-Gouverneurs von Washington kandidieren.

Statt Politiker zu werden, veröffentlichte Novoselic ein Buch, das niemand so recht ernst nahm: *Of Grunge and Government – Let's Fix This Broken Democracy*. Und auch musikalisch machte er nach dem Ende von Nirvana wenig von sich reden. Mit den Bands Sweet 75, No WTO Combo und Eyes Adrift veröffentlichte er drei Alben, die sich aber nicht sonderlich gut verkauften – angeblich, weil Novoselic sich negativ über das Musikmagazin *Rolling Stone* und den Musiksender MTV geäußert hatte, die ihn daraufhin ignoriert hätten. Im Dezember 2006 ging er mit der Band Flipper noch einmal auf Tour durch England und Irland und nahm mit ihr sogar ein Album auf, zwei Jahre später beendete er aber auch diese Episode. Und selbst 3rd Secret, eine selbsternannte „Supergroup" des Grunge, die er mit dem Soundgarden-Gitarristen Kim Thayil und dem Pearl-Jam-Schlagzeuger Matt Cameron gründete, brachte es nur zu einem Album, das von Jack Endino produziert, aber nur digital veröffentlicht wurde.

Für die Website *Seattle Weekly's* schrieb Novoselic eine wöchentliche Kolumne über Musik und Politik und wurde Vorstandsmitglied von FairVote, einer Organisation, die sich für eine Reformierung des Wahlrechts in den Vereinigten Staaten einsetzt. Aufsehen erregte er jedoch erst wieder, als es nach dem Tod des Afroamerikaners George Floyd überall in den USA zu Protestkundgebungen gegen Polizeigewalt und Rassismus kam und Präsident Donald Trump drohte, ohne Billigung des Kongresses Militär einzusetzen, um Demonstranten niederzuknüppeln. Auf Facebook bekannte Novoselic, dass Trumps Rede ihn „umgehauen" habe, und beklagte, dass linke Gruppierungen die Vereinigten Staaten polarisierten.

Sein Pro-Trump-Statement provozierte einen so gewaltigen Shitstorm, dass er seinen Twitter-Account deaktivieren musste und auf seiner Facebook-Seite zurückruderte: „Als bekennender Unabhängiger unterstütze ich weder eine große Partei noch einen Kandidaten. Und es fühlt sich verrückt an, das sagen zu müssen, aber ich unterstütze weder Faschismus noch einen autoritären Staat. Ich glaube an eine zivilisierte Gesellschaft und daran, dass wir alle darauf hinarbeiten müssen."

Als Sprachrohr der Grunge-Bewegung hatte Novoselic endgültig ausgedient. Auf einer Farm in Deep River, Washington baut er seitdem Gemüse an, beobachtet Vögel und vertont Gedichte von Walt Whitman mithilfe einer Lagerfeuergitarre.

Der Storyteller

Die dreieinhalb Jahre, die Dave Grohl mit Kurt Cobain verbracht hatte, waren nur „ein relativ kurzes Zeitfenster" in der Chronologie seines Lebens. Sie formten und definierten ihn jedoch nachhaltig.

Für Nirvana hatte Grohl zahlreiche Songs geschrieben, von denen jedoch nur „Marigold" auf der B-Seite von „Heart-Shaped Box" erschienen war. Schon bald nach dem Tod Kurt Cobains nahm er aber auf Anraten eines Psychologen ein Album auf, für das er alle Instrumente mit Ausnahme eines Gitarrenparts selbst einspielte. Um das Album zu promoten, stellte er eine Band zusammen, die er Foo Fighters nannte. So bezeichneten Ufologen und Parawissenschaftler Leuchterscheinungen, die Piloten im Zweiten Weltkrieg bei ihren Kampfeinsätzen bemerkt hatten.

Wenn er nicht mit den Foo Fighters, bei denen er Gitarre spielt und singt, auf Tournee oder im Studio war, spielte er für Tenacious D, die Band des Rock'n'Roll-Komikers Jack Black, die Drumparts seiner drei Alben ein – und mimte den Satan in dessen Film *Kings of Rock*. Vorübergehend schloss er sich auch der Post-Grunge-Band Queens of the Stone Age an und nahm mit ihr das Album *Songs for the Deaf* auf, half bei Killing Joke und Nine Inch Nails aus oder startete ein Heavy-Metal-Projekt, an dem sich auch Lemmy Kilmister von Motörhead und Max Cavalera von Sepultura beteiligten. Sogar für Slash, den Gitarristen von Guns N' Roses, spielte Grohl Schlagzeug.

Auf Einladung von Barack Obama und im Beisein Paul Mc Cartneys coverte er im Weißen Haus dessen Wings-Hit „Band On The Run". 2011 zeichnete der *New Musical Express* ihn als ersten amerikanischen Musiker mit dem Godlike Genius Award aus. Im selben Jahr war er im Film *Die Muppets* als Schlagzeuger der Band The Moopets zu sehen. Zwei Jahre später produzierte er eine Musikdoku über das Sound-City-Studio in Los Angeles

und nahm mithilfe des Mischpultes, das er erworben hatte, zusammen mit Stevie Nicks von Fleetwood Mac, Corey Taylor von Slipknot und Paul McCartney einen Soundtrack dafür auf, der mit zwei Grammys ausgezeichnet wurde. Für *Concrete and Gold*, das neunte Album der Foo Fighters, war McCartney denn auch zu Gast im Studio: Beim Song „Sunday Rain" spielte er Schlagzeug. 2023 erschien das bislang letzte Album der Foo Fighters unter dem programmatischen Titel *But Here We Are*. Manchmal ist es eben sinnvoll, auf den Rat eines Psychologen zu hören.

Das Quiz für echte Nirvana-Experten

1. Welche Zigarettenmarke bevorzugte Kurt Cobain?

a) Benson & Hedges Ultra-Light Menthol
b) Marlboro
c) Camel Light

2. Kurt Cobain war ein Fan der TV-Serie

a) Beavis and Butt-Head
b) Wayne's World
c) Eine schrecklich nette Familie

3. Wer gab das erste Konzert, zu dem Krist Novoselic nach Seattle gefahren ist?

a) Sammy Hagar
b) Scorpions
c) Van Halen

4. Wie hieß die Band, die Dave Grohl nach dem Tod von Kurt Cobain gründete?

a) Queens of the Stone Age
b) Screaming Trees
c) Foo Fighters

5. Mit welchem Rockstar war Courtney Love in England liiert?

a) Billy Corgan (Smashing Pumpkins)
b) Julian Cope (The Teardrop Explodes)
c) Lemmy Kilmister (Motörhead)

6. Wie hieß der Manager von Nirvana?

a) Danny Goldberg
b) Danny Fields
c) Danny De Vito

7. Auf welchem Label erschien die erste Platte von Nirvana?

a) K Records
b) Kill Rock Stars
c) Sub Pop Records

8. Unter welchem Namen checkte Kurt Cobain in Hotels ein?

a) Simon Ritchie aka Sid Vicious
b) Jeffry Hyman aka Joey Ramone
c) Bill Bailey aka Axl Rose

9. Wer spielte im Film *Singles* einen Grunge-Rock-Sänger?

a) Tom Hanks
b) Matt Dillon
c) Ashton Kutcher

10. Welchen Titel erhielt der Song „Rape Me", damit das Album *In Utero* auch bei Walmart verkauft wurde?

a) Rave Me
b) Save Me
c) Waif Me

11. In Kurts und Courtneys Haus am Lake Washington stand eine lebensgroße Wachsfigur in einer Ecke, um Eindringlinge zu verjagen. Wen stellte sie dar?

a) die wegen Mordes angeklagte, aber freigesprochene Lizzie Borden
b) den Skid Row Slayer alias Vaughn Greenwood
c) den Tacoma Axt-Killer alias Jake Bird

12. Auf ihrer ersten Single coverten Nirvana einen Song von

a) Shocking Blue
b) Shock Therapy
c) Rudolf Rock & die Schocker

13. Wer empfahl Nirvana der David Geffen Company?

a) Axl Rose (Guns N' Roses)
b) Black Francis (The Pixies)
c) Kim Gordon (Sonic Youth)

14. Kurt Cobains Idol?

a) Leadbelly
b) Robert Johnson
c) Muddy Waters

15. Wo traten Nirvana am 9. November 1989 auf?

a) In der Ostberliner Erlöserkirche
b) Im Westberliner Club SO 36
c) Im Musiktheater bad in Hannover

16. In Aberdeen wurde Kurt Cobain angeblich verhaftet, weil er eine Parole an Mauern und Wände gesprayt hatte. Welche?

a) Gott ist schwul
b) Allah ist mächtig
c) Believe in Boddah

17. Wer erfand den Kinder-Huren-Look?

a) Courtney Love von Hole
b) Kat Bjelland von Babes in Toyland
c) Tobi Vail von Bikini Kill

18. Krist Novoselic jobbte, bevor er mit Nirvana Karriere machte, als

a) Roadie der Melvins
b) Hausmeister der Eddie Vedder High School
c) Tanzlehrer im Tacoma Ballroom

19. Wer wohnte in der Nachbarschaft von Kurt und Courtney am Lake Washington?

a) Paul Allen, der Mitbegründer von Microsoft
b) Howard Schulz, der Geschäftsführer von Starbucks
c) Jeff Bezos, der Gründer von Amazon

20. Wo gaben Nirvana ihr letztes Konzert?

a) Im Terminal 1 in München
b) Im Optimal Plattenladen in München
c) Im Reitstadion Riem in München

21. Frances Bean Cobain posierte in der Modezeitschrift *Elle*

a) im Kinder-Huren-Look ihrer Mutter
b) im Schlafanzug ihres Vaters
c) in einem Holzfällerhemd ihrer Patentante Drew Barrymore

22. Welche Grunge-Band stammte nicht aus dem Nordwesten der USA?

a) Afghan Whigs
b) Alice in Chains
c) Soundgarden

23. Warum verklagte Spencer Elden Nirvana?

a) Weil er auf dem Cover von *Nevermind* nackt zu sehen ist
b) Weil das Cover Kinderpornografie verbreite
c) Weil seine Eltern nur 200 Dollar Honorar dafür erhielten

24. In welchem Roman von Nick Hornby ist explizit von Nirvana die Rede?

a) High Fidelity
b) About a Boy
c) A Long Way Down

25. Wer ist Frances Bean Cobains Patenonkel?

a) Billy Corgan von den Smashing Pumpkins
b) Axl Rose von Guns N' Roses
c) Michael Stipe von R.E.M.

26. Was aß Kurt Cobain am liebsten?

a) Fastfood von Taco Bell
b) Pfannkuchen im International House of Pancakes
c) Kraft-Makkaroni mit Käse

27. Am 18. März 1994 beschlagnahmte die Polizei im Haus Cobain eine Flasche mit weißen Pillen. Worum handelte es sich dabei?

a) Den Tranquilizer Klonopin, der bei Muskelzucken und Krämpfen verschrieben wird
b) Die Pfefferminzdragées Tic Tac, die Mundgeruch verhindern
c) Courtney Loves Anti-Baby-Pillen

28. Mit welchem Schriftsteller nahm Kurt Cobain eine Platte auf?

a) Alan Ginsberg
b) Patrick Süßkind
c) William S. Burroughs

29. Kurt Cobains Lieblingsblumen waren

a) Sternguckerlilien
b) Stiefmütterchen
c) Gänseblümchen

30. Warum nannten Kurt Cobain und Krist Novoselic ihre Band Nirvana?

a) Weil der Dalai Lama der Held ihrer Jugend war
b) Weil ihr indisches Lieblingsrestaurant in Olympia so hieß
c) Weil die Abwesenheit von Schmerz Cobains Vorstellung von Punk am nächsten kam

Quiz-Lösungen

1 a, unmittelbar vor seinem Tod aber c, 2 a, b und c, 3 b, 4 c, 5 b, 6 a, 7 c, 8 und c, 9 b, 10 c, 11 a, 12 a, 13 c, 14 a, 15 c, 16 a, 17 b, 18 a, 19 b, 20 a, 21 b, 22 a, 23 a, b und c, 24 b, 25 c, 26 a, b und c, 27 a, 28 c, 29 a, 30 c

Zitate

„Kurt Cobain ist zur Legende geworden, weil ihn niemand wirklich kannte."
  Brett Morgen, Regisseur von *Montage of Heck*

„Er war unglücklich, bevor er berühmt wurde, und er war unglücklich, als er berühmt wurde. Er war einfach unglücklich."
  Danny Goldberg, Manager von Nirvana

„Sein Tod ist ein großer Verlust."
  Michael Stipe, Sänger von R.E.M.

„Es hätte mir Spaß gemacht, mit ihm zusammenzuarbeiten, aber schon allein mit ihm zu reden wäre echt cool gewesen."
  David Bowie

„Ich denke jeden Tag an Kurt und vermisse ihn. Aber gleichzeitig geht das Leben weiter, und es ist wichtig für mich, in Bewegung zu bleiben."
  Dave Grohl

„Behaltet Kurt so in Erinnerung, wie er war: Engagiert, großzügig und liebevoll. Und haltet euch an seine Musik. Die wird uns immer bleiben."
  Krist Novoselic

SMELLS LIKE KLARTEXT

Weitere Bücher von Hollow Skai

jeder Band
120 Seiten
zahlr. farb. A
16,95 €

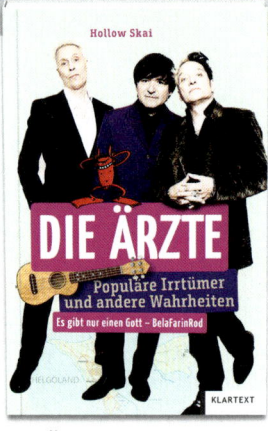

Die Ärzte
ISBN 978-3-8375-2469-7

Die Toten Hosen
ISBN 978-3-8375-2500-7

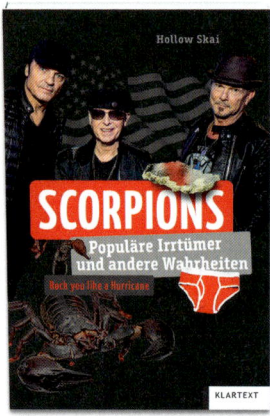

Scorpions
ISBN 978-3-8375-2533-5

Rio Reiser
ISBN 978-3-8375-2589-2

Weitere Bücher aus unserer Reihe „Irrtümer & Wahrheiten" sind zu finden auf:
www.klartext-verlag.de und überall im Handel.